Robert Hoppaus

Lebe im
Zauber
der
Leichtigkeit

WINDPFERD

1. Auflage 2018
© 2017 Windpferd Verlagsgesellschaft mbH, Oberstdorf
Alle Rechte vorbehalten

Bildnachweis:
Porträtfoto: Aniela Adams, www.die-fotografin-in-muenchen.de
Coverillustration: ©Jozef Mičic/123rf, S. 6: ©altanaka/fotolia, S. 8: ©Sergey Nivens/123rf,
S. 10: ©Kostia Gerashchenko/123rf, S. 12: ©stylephotographs/123rf, S. 22: ©Panotthorn Phuhual/123rf,
S. 28: ©bilanol/123rf, S. 38: ©Ion Chiosea/123rf, S. 40: ©ambrozinio/123rf, S. 45: Alexandr Khakimullin/123rf,
S. 48: ©Andrei Aleshyn/123rf, S. 54: ©Martin Novak/123rf, S. 59: ©ri8/fotolia, S. 60: ©Alexandr Davydov/123rf,
S. 70: ©nenetus/fotolia, S. 82: ©Mehmet Can/123rf, S. 98: ©Kichigin Alexandr/123rf, S. 120: ©rolffimages/123rf

Umschlaggestaltung: Jennifer Jünemann | www.bitdifferent.de
Layout und Satz: Marx Grafik & ArtWork
Druck und Bindung: C. H. Beck, Nördlingen

Printed in Germany · ISBN 978-3-86410-181-6
www.windpferd.de

Inhalt

Vorwort   7

Danksagung   11

Einleitung   13

Schritt 1: Stopp   23
    Übung 1 – Aus dem Film aussteigen   27

Schritt 2: Jenseits von Gut und Böse   29

Der Krampf des Wertens und Verurteilens   30
    Übung 2.1 – Grenzen ausloten und die Mitte finden   36
    Übung 2.2 – Akzeptanz durch Wundern, Fallen und Loslassen   39

Schritt 3: Widerstand ist zwecklos   41
    Übung 3 – Überwindung der Schwere im Widerstand   42

Schritt 4: Die Kameraperspektive   45

Humor und die Kunst des Abstands   46
    Übung 4 – Abstand erzielen   46

Schritt 5: Tonnenschwere Leichtigkeit   49
    Übung 5 – Integrieren und aus der Mitte handeln   50

Schritt 6: Wenn nichts geht, dann geh!   55
    Übung 6 – Den inneren Schweinehund besiegen   58

Schritt 7: Erfolg durch Nichtstun – im Nicht-Tun   61
    Übung 7.1 – Bewusst aus der Ferne nichts Tun   68
    Übung 7.2 – Tun können wenn es nicht geht   69

Schritt 8: Aussitzen oder gehen?   71

    Übung 8 – Den richtigen Zeitpunkt zum Bleiben oder Gehen finden   81

Schritt 9: Mach dein Ding   83

    Übung 9.1 – Deinen Weg klar erkennen   94

    Übung 9.2 – Überzeugt von dir selbst deine innere Stimme hören – Vertrauen   94

Schritt 10: Mut zur Lücke   95

    Übung 10 – Mit allen Sinnen in der Lücke Freiheit erfahren   97

Schritt 11: Die Umsetzungsformel   99

    Übung 11 – 5 praktische Tipps, ein Ziel zu erreichen   108

Der Leitfaden zur Leichtigkeit   112

Zusammenfassung   113

Literaturempfehlungen   118

Der Autor   119

Vorwort

Kennst du das? Das Gefühl, nicht Herr* der Lage zu sein, das Gefühl, nicht selbst am Steuer zu sitzen, sondern manchmal einfach nur Statist zu sein, ohne Einfluss auf das Geschehen?

Lebe im Zauber der Leichtigkeit will dir zeigen, wie du im Augenblick, wenn es nicht so gut läuft, wie du es wünschst, schnell und einfach wieder Leichtigkeit, Freude und Zufriedenheit erleben kannst. Wie du den Moment mit allen Sinnen intensiv und wundervoll erfährst! Dieses Buch liefert einen Schlüssel zu Freiheit, Glück und Lebensfreude, was ich als Erfolg mit Leichtigkeit verstehe.

Das Leben ist leicht und einfach, wenn du es erlaubst und das Bisherige akzeptierst und annimmst. Mit wenigen Schritten kannst du schnell und leicht deinen Alltag komplett umkrempeln, damit du dann im Flow bist. Hierbei brauchst du dich nicht anzustrengen, sondern es läuft wie von selbst. Du musst auch keine schwierigen Techniken oder Übungen praktizieren. Somit begibst du dich in den Fluss des Lebens. Die Anregungen kannst du überall und täglich umsetzen, wann immer du willst. Sie sind auch nicht wie herkömmliche Techniken, die Disziplin oder Üben erfordern oder sich gar kompliziert gestalten, sondern diese Anregungen sind ganz einfach und leicht, sodass sie jeder ausführen kann. Ziel ist es, durch die Leichtigkeit Erfolg, Freiheit und Glück im Leben zu erfahren und mit einer neuen Wahrnehmung durch den Alltag zu gehen. Zur richtigen Zeit am richtigen Ort das Richtige tun zu können und mit dem zufrieden zu sein, was ist. Das bedeutet

---

* Aufgrund der leichteren Lesbarkeit verwende ich im Text durchgehend die männliche Form.

für viele, Freiheit zu empfinden und im Flow zu sein. In diesem Glücksgefühl erscheint uns das Leben wie ein Tanz.

Wir sind täglich mit unzähligen solchen Herausforderungen konfrontiert, mit Konflikten in Beziehungen, Stress am Arbeitsplatz und dem ewigen Dilemma, zu wenig Zeit zu haben. Körperliche Beschwerden, negative Emotionen und mentale Schwere, Stress und Anspannung verstellen die klare Sicht auf das Wesentliche. Die Gehirnleistung kann dabei bis auf 7 Prozent oder weniger sinken. Die aktuelle Gehirnforschung stützt dagegen diese Erkenntnis: Im Zustand der Leichtigkeit verwendet das Gehirn sein volles kreatives Potenzial und ist sogar bis zu mehr als zehnmal leistungsfähiger. Das ist die Voraussetzung dafür, dass wir die steigenden Lebensanforderungen im Hier und Jetzt auf unserem Planeten meistern können und mit einem gesunden Körper voller Lebensfreude und Erfüllung Zeit haben, das zu sein, was uns ausmacht.

Jetzt liegt es an dir. Fühlst du dich als Opfer oder nimmst du endlich das Steuer selbst in die Hand und findest einen Weg, den Alltag gelassen, kompetent und zufrieden zu bewältigen?

Dieses Buch soll dir zeigen, wie du in jeder Lebenslage Kraft schöpfen und mit Leichtigkeit das Beste aus jeder Situation machen kannst. Wie du den Augenblick mit allen Sinnen vollauf genießen kannst und mehr Intensität, Glück, Freiheit und Lebensfreude darin erfährst. Fernab komplizierter Regeln und Anweisungen, die anstrengend sein können, findest du hier Übungen, die du ganz einfach und schnell im Alltag einbauen kannst. Großes Augenmerk verdient die Umsetzungskraft, dass du die Ideen auch mit Leichtigkeit anwenden kannst, ohne dafür hart zu arbeiten und großen Raum zu beanspruchen.

Ich beschreibe auf Basis des maximalen Potenzials des JETZT sehr praxisnah, was man tun kann, wenn es im Moment grad nicht so gut läuft. Dass das Glück nur im Augenblick erlebt werden kann und nicht in der Zukunft zu finden ist, wissen wir. Deshalb nenne ich die Leichtigkeit auch das wahre große Glück.

Nimm endlich deinen Augenblick in die Hand! So wie er ist. Und sieh darin eine Chance, ein Potenzial, das Positive wie auch seine Intensität und seine Vorteile. Und die Leichtigkeit des Seins!

Jeder Schritt entspricht einem Kapitel und enthält eine Praxisanleitung für deinen Alltag. Du kannst allein mit der Übung, beschrieben in der Box am Ende jedes Kapitels, alle Rezepte erlernen und üben; die Theorie erläutert lediglich den Hintergrund. Mit dieser Methode lässt sich der Augenblick komplett neu erleben.

Mit diesem Buch möchte ich einen Beitrag zu Selbstverantwortung, Selbstliebe, Selbstbewusstsein und Erleichterung des Alltags liefern sowie zu Freiheit, Freude und Frieden.

Lebe deine innere Natur durch die Kunst der Leichtigkeit!

Erzähle mir davon, wie es bei dir funktioniert hat. Ich freue mich sehr über deine Rückmeldungen! office@leichtigkeit.com

Wenn du noch mehr ins Detail gehen und die Anleitungen vertiefen willst, dann empfehle ich dir zusätzlich ein Leichtigkeitsseminar. Siehe unter: www.leichtigkeit.com

Danksagung

Mein Dank gilt meinem sehr geschätzten Wegweiser Paul Lowe sowie den grandiosen Lehrern Wolfgang Gufler, Dinesh Juckoff, Dittmar Kruse, Stefan Perdekamp und den zahlreichen Trainern all meiner Weiterbildungen, deren Aufzählung zu lange würde. Die beste Schule lieferten jedenfalls mein geliebter Sohn, meine Eltern und meine Partnerinnen, denen ich ebenso herzlich für die Entwicklungsjahre danke. Mein Dank gilt Sigrun Zwanzger für das ausführliche mehrmalige Lektorat. Sie alle haben dazu beigetragen, dass dieses Buch entstehen konnte.

Wer sich selbst liebt, ist ein Meister der Gegenwart.

– R. H. –

Einleitung

Seien wir ehrlich zu uns selbst. Im Grunde geht es uns doch in erster Linie um das »Sich-gut-Fühlen«. Wenn wir uns in einem guten inneren Zustand befinden – wie auch immer du den individuell definierst – werden Dinge wie: Der Erfolg hat sich nicht wie erwartet eingestellt; ich bin mit mir und der Welt und meinem Partner unzufrieden; die Kinder überfordern mich; ich habe nicht genug Geld – einfach NICHT mehr so wichtig.

Genau in diesem Zustand »Was kostet die Welt?« empfinde ich, dass ich genug Zeit habe, ich empfinde sogar, dass manchmal die Uhr stehen bleibt, dass eine Unstimmigkeit mit meiner Umwelt als nichtig erscheint und es sicher zu keinem Streit kommen wird. Ich gehe meinen »lästigen« Alltagstätigkeiten gerne nach und komme mir dabei vielleicht sogar entspannt vor.

Netzwerke, Zusammenhänge, Verbundensein

Es stellt sich die systemische Frage nach den Zusammenhängen im Leben. Die eigene Stimmungslage beeinflusst die Darmflora und umgekehrt, negative Gedanken erzeugen körperliche Anspannung. Körper und Geist sind miteinander verbunden und kommunizieren miteinander. Wie man in den Wald hineinruft, so kommt es zurück. Nun die Frage: Sollte man daher nicht den eigenen inneren Zustand verbessern, und alles andere wird dann gut?

Ich meine, man verbessert seinen inneren und damit auch den äußeren Zustand auf mehreren Ebenen, an denen man selbst ansetzen kann. Stattdessen aber konzentrieren wir uns sehr stark aufs Äußere und sind in Techniken verhaftet, anstatt das persönliche Innenleben und seinen Zustand augenblicklich exakt wahrzunehmen und zu verändern.

Wir setzen uns mit Zeitmanagement, Konfliktlösungsstrategien, Effizienzsteigerung, Entspannungstechniken, dem vielversprechenden Erfolgsprogramm, der Psychotherapie und der Glücksforschung sowie dem Geldcoach auseinander. All diese Möglichkeiten, Ärzte und Therapeuten helfen uns, sind wichtig, aber was tun wir eigentlich selbst aus unserer eigenen Verantwortung heraus zusätzlich für unser Innenleben, ohne jemand anderen zu brauchen? Welches Leichtigkeitstraining betreiben wir AKTIV selbst zusätzlich zu den passiven Potenzialsteigerungshilfen und sonstigen Lösungsstrategien?

Wenn wir auf unseren Körper hören wollen, dann machen wir vielleicht Yoga oder Feldenkrais oder gehen einer sportlichen Betätigung nach. Und wenn es unsere Gedanken betrifft, dann praktizieren wir halbherzig Mentaltraining. Wenn wir emotional verstimmt sind, dann verdrängen wir entweder diese negativen Gedanken und Gefühle, machen Bewegung, trinken Alkohol oder reden mit Freunden »darüber hinweg«, oder wir machen eine technische Übung, die vermeintlich die Emotion beseitigt, und warten auf die nächste therapeutische Privateinheit. Aber WAS tun wir wirklich im Augenblick, um unseren momentanen Zustand aktiv und sofort zu verbessern, WIE hören wir auf unsere innere Stimme und WANN spüren wir exakt unseren Körper mit all seinen Reaktionen, WIE OFT und WO lokalisieren wir in uns unsere Emotionen und Gefühle? WAS tun wir aktiv aus unserem Inneren heraus OHNE Techniken und OHNE Ablenkungen?

Mein Angebot ist es, methodisch mit diesem Buch und seinen einfachen Übungen die Zusammenhänge von Körper, Geist und Emotion besser zu verstehen, zu begreifen, zu vereinen, zu verinnerlichen und zu automatisieren und eine authentischere Beziehung herzustellen, die automatisch deinen Gesamtzustand verbessert, indem deine Präsenz und Wahrnehmungsfähigkeit zusätzlich im Augenblick erhöht wird. **Diese Methode ist die Kunst der Leichtigkeit.**

Die eigene Geschichte als Motivation

Die Ausgangssituation – **Wie ertrage ich den Augenblick mit all seinen negativen Gedanken und Emotionen besser, und wie kann ich den Moment verändern?** – hat mich jahrelang beschäftigt und veranlasst, die wesentlichen Faktoren PRAKTISCH auf den Punkt zu bringen, um mehr Leichtigkeit in den Alltag zu bringen. Das Wesentliche liegt in uns, in dir selbst, und du selbst bist es, der Heilung und Änderung vollbringt, nicht der Coach!

Ich hatte früher mit der Schwere, dem Stress und all den damit verbundenen körperlichen und seelischen Symptomen zu tun und bin von Therapeut zu Therapeut gegangen, um mich heilen zu lassen. Je mehr ich auf mich selbst hören sollte, umso mehr bin ich zu anderen gegangen und habe mir sagen lassen, was ich denn tun solle, spüren oder hören möge … Was ist passiert? Nichts!

Erst ich selbst habe mit Disziplin und auch aus der Leichtigkeit heraus mein Leben verändert, damit haben die körperlichen und psychischen Symptome nachgelassen, und ich habe mehr Freude, inneren Frieden und Freiheit gewonnen. Diese Erfahrungen will ich in diesem Buch weitergeben. Es sind einfache Alltagsrezepte, die die Leichtigkeit des Seins spürbar und erlebbar machen. Denn wir wissen, dass sie manchmal geradezu unerträglich sein kann – diese Leichtigkeit des Seins. Oder soll ich die Schwere sagen?

Ich verspreche dir, zu lernen, das eigene Verhalten zu ändern, sich zu heilen, kann auch leicht sein. Es muss, ja, es darf kein Krampf sein, da es sonst nicht funktioniert. **Durch Leichtigkeit mehr Leichtigkeit zu erlangen ist absolut möglich. Du musst nicht durch den Sumpf und die schwere Vergangenheit waten, um dich besser zu fühlen.** Die Hoffnung auf irgendein Wunder ist zwar sehr schön, trotzdem kannst du selbst JETZT und HIER beginnen. Und das so oft du willst und in deinem Tempo.

Auch der Glaube, mit Erleuchtung oder Egolosigkeit sei alles geheilt, und dein innerer Zustand sei dauerhaft in der Leichtigkeit, ist ein Irrtum. Egolosigkeit ist ein anderer Baustein, das Leben erträglicher zu machen, aber es gilt der Spruch: »Vor der Erleuchtung Holz hacken und Wasser tragen und danach ebenso.« Die Erhöhung der Präsenz und die Verbesserung des Zustandes im Augenblick ist keine Hexerei, wie manche glauben könnten. Die Leichtigkeit soll von der Einfachheit und Praxisnähe leben! Es ist eben keine komplizierte Technik, die man über Jahre oder gar lebenslang trainieren müsste. Das Lesen dieses Buches mit seinen Praxisanleitungen, die einfach und schnell durchführbar sind, hilft dir, die ersten großen Schritte zu machen.

Die Leichtigkeitsmethode ist mit Sicherheit genauso wenig der Stein der Weisen wie sonst eine andere Methode, aber sie trägt einen wesentlichen Teil zu deiner Selbstverantwortung, deinem Wahrnehmungsvermögen, deiner Präsenz und deiner Bewusstheit, dem Genuss des Augenblickes, deiner Umsetzungskraft und deinem Handeln – Jetzt tue ICH es! – bei. Es geht also darum, was du sofort ohne spezielles Training beginnen kannst. Es geht hier um die Leichtigkeit der Umsetzung, das zu tun, was du schon weißt, aber bisher nicht getan hast, und natürlich darum, wie du die Anleitungen in diesem Buch mit Leichtigkeit anwendest:

Du kannst die 11 Übungen sooft du willst anwenden und mit ihnen langsam oder schneller auf einen besseren Zustand hinsteuern. Nenne ihn Flow, Zustand der Leichtigkeit, Alpha-Gehirn-Frequenz, Glückseligkeit, Zauber des Augenblicks, Freude, Zufriedenheit, Freiheit, Entspannung und Wohlbefinden, innere Ruhe und Zentriertheit, Klarheit und Ausgeglichenheit, kurzum verwende deine eigene Definition des besseren inneren Zustandes.

Die Macht und Ohnmacht der Selbstentfaltung

Das Schöne an der Methode ist, du kannst dir Zeit lassen, denn wer behauptet eigentlich, du müsstest dich beeilen. Karl Renz sagte einmal: »Der Gedanke an Heilung macht mich schon krank.« Genau, hör auf zu denken, du wärst krank und in diesem Augenblick nicht in Ordnung. Übe und akzeptiere einfach das Jetzt und Hier mit dir selbst. Übertreibe keinesfalls, rede dir nicht ein, du wärst superleicht und gut drauf, wenn du es nicht bist. Mache aber auch keinesfalls das Gegenteil, nämlich dich abzuwerten oder als schwer und unfähig zu verurteilen. Sieh dich als Glas, »das halb voll ist«. Beginne mit dir selbst in diesem Moment. Erst später schau auf dein Leben, in die Zukunft und zuletzt auf die anderen. Manche tendieren dazu, anstatt daran zu arbeiten, sich selbst im Augenblick zu akzeptieren, eher über das eigene Verhalten zu nörgeln, es verändern zu wollen, sich über die anderen zu beklagen und sich dadurch in diesem Augenblick zu übergehen. Wir sind viel zu schnell unterwegs! Langsamkeit in diesem Kontext heißt, auf sich selbst zu schauen.

Du beginnst in der Mitte zwischen Gut und Böse, zwischen glücklich und unglücklich. Beginne, dich aus einem Augenzwinkern heraus eher als etwas besser als schlechter zu beurteilen. Und im nächsten Schritt könnte es eventuell zusätzlich noch eine Nuance besser werden. Mag sein, dass du etwas daraus lernst, dann aber auch wieder nicht. Es geht nicht darum, jedes Mal einen Meilenstein in deiner Entwicklung zu setzen, sondern sich bewusst zu werden, diesen Augenblick zu erfahren, den Moment zu akzeptieren und sich von der Bewertung zu lösen, kurzum: das Glas als halb voll zu betrachten. Es geht darum, Dankbarkeit zu üben, dass du dies gerade bewusster wahrgenommen hast, und lernen zu können und zu dürfen. Das Tempo aber bestimmst du: Auch wenn du mal nicht so genau und bewusst den Augenblick erfahren oder gerade eben keine Lust zu reflektieren hast. Das ist auch okay! Das befreit dich von dem Druck, du müsstest ständig etwas tun. Nein, du nimmst nur wahr, und zwar wann du es willst!

Auf einer bestimmten Ebene ist alles zufällig und gleichzeitig ist alles kausal miteinander verbunden und bewirkt etwas: Auf einer Ebene existiert das Prinzip von Ursache und Wirkung, wie in der Newton'schen Mechanik, aber in der Quantenmechanik gilt dieses Gesetz nicht mehr. Gemäß der Chaostheorie heben sich Ursache und Wirkung auf und vieles wird nicht mehr so einfach und ursächlich erklärbar. Beide Ebenen existieren gleichzeitig und erzeugen Widersprüche.

Auch in diesem Buch wirst du auf Widersprüche stoßen. Lasse diese auf dich wirken und versuche, dich einzufühlen und hineinzuhören. Vermeide es, dich in Argumentationen hinsichtlich des Widerspruchs zu verlieren. Lasse stattdessen eher das Paradoxe stehen und betrachte die unterschiedlichen Aussagen von mehreren Seiten, in unterschiedlichen Situationen und zu verschiedenen Zeitpunkten, auch gemäß der Relativitätstheorie. Es geht hier NICHT um Logik. Es geht um das, was zwischen den Zeilen steht, darum, dass gegensätzliche Weisheiten ihre Berechtigung haben. Lieber widersprüchlich, emotional, aber auch glücklich sein, als recht haben zu wollen und zu verstehen. Dem Universum und der Welt ist sowieso vieles egal, selbst deinen Freunden, nur dir selbst vielleicht nicht. Wer will denn da so vermessen sein, er wüsste, was das Richtige sei, das einzig Gültige, das Beste, die Norm oder eben auch das gute Tempo der Selbstentwicklung, Entfaltung und des Wachstums. Die ganze Welt und das ganze Leben sind voller Widersprüche. Die Wissenschaftstheorie und die Philosophie beschäftigen sich seit jeher damit, was wahr und was falsch sei. Um das geht es in diesem Buch nicht.

Mit Widersprüchen lebt es sich grundsätzlich leichter. Vieles passiert ohnehin von selbst. Auf viele Dinge haben wir keinen Einfluss. Wir hängen zum Teil sogar von Bakterien ab. Das Bakterium Akkermansia Muciniphila im Darm bewirkt zum Beispiel, dass Fett von unserem Organismus weniger stark aufgenommen wird, ergo erleichtert es das Abnehmen. Und es gibt Bakterien im Darm, die den Serotoninspiegel im Hirn erhöhen und damit unsere Gemütslage positiv beeinflussen. Wir wissen nicht, wie wir unsere Darmflora dauerhaft so beeinflussen, dass sie unsere Gemütslage zum Besten bestimmt. Du wirst vielleicht sagen, sicher, man muss doch nur *Super Food* essen. Aber selbst Leute, die die ganze Zeit nur Super Food essen, haben nicht unbedingt die bessere Darmflora, sind auch nicht unbedingt glücklicher oder fühlen sich leichter oder können dadurch steuern, dass die richtigen Bakterien wachsen.

Wir haben also vieles NICHT in der Hand und können es NICHT beeinflussen. Und selbst wenn wir nicht handeln, sondern nur zuschauen, passiert auch Veränderung. Manchmal mehr als beim Handeln und Eingreifen, dazu später mehr im Kapitel zu Schritt 7, »Erfolg durch Nichtstun – im Nicht-Tun«.

Auf der anderen Seite – hier der erste Widerspruch – haben wir aber auch die Möglichkeit zu handeln. Nichts ist fix und unveränderlich, das bestätigen uns nicht zuletzt die Neurobiologen. Wer jetzt nicht aufwacht und handelt, ist selbst schuld. Unsere Gene bestimmen NICHT für immer unser Verhalten. Jedes Verhalten und jede Gewohnheit ist änderbar.

Das Paradox der Handlungswirklichkeit

Wie du schon bemerkt hast, spreche ich oft in Widersprüchen, denn die Wirklichkeit hat gleichzeitig mehrere Möglichkeiten, die je nach Blickwinkel komplett diametral entgegengesetzt sein können. Freunde dich mit diesen Paradoxen an! Wenn du genauer hinsiehst, wirst du im Verlauf deines Lebens genügend Beispiele finden, die widersprüchlich sind. Lasse dich darauf ein. **Um mehr Leichtigkeit zu erlangen, ist es geradezu notwendig, die Fixiertheit auf eine alleinige Vorstellung oder Wahrheit hinter sich zu lassen.**

Laotse sagte einmal: »Jeder ist sich so sicher, nur ich selbst fühle mich, als ob ich auf dünnem Eis ginge.« Also aufpassen: Was sich heute noch als sicher erweist, kann sich morgen als fehlerhaft herausstellen. Ganze Paradigmen können sich über Nacht ändern. Nochmals: Einerseits hast du den absolut mächtigen Willen und die Freiheit zu handeln, andererseits bist du gleichzeitig ferngesteuert, und die Handlungen passieren ohne dein Zutun. Du brauchst dich nur eine Zeit lang genau zu beobachten, wie viele automatisierte Handlungen du ausführst, die du auch sehr schwer abändern kannst. Es geht also um das Bewusstsein, die goldene Mitte, aus der heraus du exakt beobachten kannst. Das Handeln wie auch das Nichthandeln und das Von-selbst-aus-Handeln aus dem Nichthandeln sind die entscheidenden Punkte, die du exakter wahrnimmst. Übe dich darin! Hierdurch entstehen Wahlfreiheit und mehr Möglichkeiten, dein Leben in die Hand zu nehmen und aktiv so zu gestalten, wie du es willst!

Zusammengefasst: Manchmal gelingt es dir, einen Schritt weiterzukommen, dann wieder nicht. Beides ist trotzdem okay. In einer Situation hast du es besser gemacht und in der nächsten Situation verabsäumt, dann wieder verabsäumt und beim vierten Mal wieder geschafft. Und wem außer dir wird es wichtig sein? Also kein Stress, kein Druck im Ganzen, auch nicht mit den Regeln, den Rezepten. Regeln sind dazu da, um gebrochen zu werden.

Nimm alles ernst, aber nicht zu ernst, meine Sprache ist bewusst emotional, um dich in die Gänge zu bringen. Übertreibungen sind Teil der Methodik. Paul Lowe sagte immer am Schluss eines Trainings: »Do not take anything too seriously.« Womit er recht hat. Reite nie auf Worten herum, sondern lerne, zwischen den Zeilen zu lesen, die Essenz für dich selbst herauszuhören. Lasse dich von der übertriebenen Ernsthaftigkeit mitreißen, und gleichzeitig wieder nimmst du es locker, indem du loslässt. Probiere es einfach aus. Glaube mir auch nicht blindlings, sondern überprüfe die Stimmigkeit, indem du die Übungen in diesem Buch selbst erprobst. Dann beurteile den Text auf Richtigkeit für dich, indem du auf deine innere Antwort hörst.

Wie Antoine de Saint-Exupéry sagte: »Man sieht nur mit dem Herzen gut. Das Wesentliche ist für die Augen unsichtbar.« Und Laotse: »Die Wahrheit kann nicht gesagt werden, aber sie kann gehört werden, auch im Lesen.«

Der wahre Wert dieses Buches liegt also im Ausprobieren, Tun und Hören sowie folglich in der Verbesserung deines inneren Zustandes, weniger im Verstehen, Beurteilen und Überprüfen der Richtigkeit des Textes.

In diesem Sinne nimmst du das Wesentliche für dich heraus und lässt den Rest los, anstatt zu sehr mit dem Verstand etwas verstehen zu wollen, das vielleicht doch anders gemeint sein könnte oder auf einen anderen Menschentyp zutrifft.

Einsicht in die Wichtigkeit körperlicher Betätigung zum Verbessern des inneren Zustandes setze ich voraus. Wir beginnen hier auf der nächsten Stufe, wenn es trotz deiner gelernten Methoden, Übungen, Therapien, trotz körperlichen Wohlbefindens und hervorragender Ernährung drückt. Auf dieser Stufe rückt der Verstand mehr in den Hintergrund und die Emotionalebene sowie ihre Zusammenhänge mit dem Körper sind zielführender. Die Mentalebene bleibt zwar immer wichtig, aber Emotion, die Wahrnehmung anderer Ebenen und Körperbewusstsein stehen im Vordergrund.

Die Rezepte in Form von Übungen mit Erklärungen in diesem Buch sind keine Quickfixes, sondern ein Schritt-für-Schritt-Programm als Anregung für das Entdecken deines eigenen Weges und Kreieren deines eigenen Films. Es zeigt dir, wie du mehr Luft zum

Atmen und Zeit gewinnen kannst, endlich die Dinge zu tun, die du wirklich willst. Mit mehr Lebensfreude und Freiheit wirst du zum Regisseur in deinem eigenen Film! Die folgenden 11 Kapitel sind ein absolut wichtiger Anfang und stehen so für sich, du sollst alle Übungen leicht anwenden und im Alltag umsetzen können.

Viel Leichtigkeit und Spaß beim Lesen und Umsetzen!

FANGEN WIR AN:

STOPP

Steige aus. Steige aus deinem Film aus! STEIGE aus deiner Art, wie du JETZT liest und wahrnimmst, wie du JETZT agierst und reagierst, AUS. Mache adhoc eine Pause. Und zwar jetzt sofort! *Stop it!*

Was empfindest du, wenn du stoppst? Was hörst du, wenn du aus deinem Handlungsfilm aussteigst? Wie siehst du die Wirklichkeit im Stopp? Was passiert, wenn du auf alles andere als auf die Gedanken achtest?

Ein neuer Fahrplan

Gute Präsenz und »richtige« innere Einstellung –
7 Grundlagen für einen positiven Momentanzustand

**Beherzige die folgenden Aktionen,
streiche sie JETZT und FÜR IMMER aus deinem Kopf
und handle anders:**

1. Nimm den Momentanzustand, Schwierigkeiten und Probleme als unemotionale, wertneutrale Fakten deiner Lebensrealität wahr.

2. Übernimm für dich selbst Verantwortung, für die Jetzt-Situation. Es ist so, wie es jetzt ist, wie du aus deiner Geschichte dein Verhalten geprägt hast und geprägt wurdest.

3. Mache Schluss damit, dich zu beklagen.

4. Höre auf, andere zu beurteilen und zu verurteilen und für deine Jetzt-Situation verantwortlich zu machen. Höre auch auf, andere zu tadeln!

5. Höre auf, dir Sorgen zu machen – die Zukunft ist noch nicht da und du kannst sie nicht beeinflussen. Schließe jetzt mit der Vergangenheit ab, sie ist vorbei!

6. Denke im Zweifelsfall bei 50 zu 50 Prozent eher positiv, richte die Aufmerksamkeit auf das, was funktioniert. Deine Sichtweise ist: Das Glas ist halb voll. Auch wenn forciertes positives Denken nicht zum Ziel führt, im Zweifel hilft es, sich die Öffnung für das Positive zu bewahren. Akzeptiere auch die Kehrseite der Medaille, aber fokussiere dich im Zweifel eher auf die bessere Seite.

7. Höre auf deinen Körper und deine Gefühle. Stoppe es, deinen Gedanken zuzuhören. Nimm nur den Augenblick mit allen Sinnen wahr. Schaue dich ruhig um, atme und beobachte dich dabei. Bleibe einige Momente in diesem Zustand.

Sich Raum schaffen – Zeit haben

Für den Anfang ist das gleich einmal sehr viel zu tun. Nimm dir diese Zeit. Jetzt! Überlege dir, was du jetzt sonst tun würdest und wie du in deiner schlechten Laune verharren könntest. Für die oben beschriebenen Schritte brauchst du nur ein paar Minuten. Später, wenn du mehr Übung hast, nur noch Sekunden. Es ist äußerst effektiv, was du dann in diesen Sekunden alles Nützliches für dich tun kannst: Die 7 Grundlagen für einen positiven Momentanzustand sind äußerst wirksam und für fast jede Situation tauglich, um eine positive innere Einstellung zu erlangen. Du ahnst gar nicht, wie viel Freiraum entsteht, wie viel Zeit und wie viel Entspannung und Durchatmen, wie viel Überblick und wie viel Loslassen, wie viel weniger Tun und wie viel Kreativität. Beobachte, höre, was um dich herum vorgeht. Atme tief durch und rieche deine Umgebung. Und dann spürst du dich und deinen Körper. Am besten indem du dich abklopfst und die Füße ohne Schuhe fest auf den Boden stellst.

Wie geht es dir jetzt? Vielleicht kommen Gedanken, und der Kopf sagt: »Das kenn ich doch schon, ist ja nichts Neues ...« Und wie oft tust du es? Sei ehrlich, sicher nicht oft genug, aber es erdet, es befreit, es zentriert. Lass deine Gedanken sein!

Tu das mehrmals täglich. Gönne dir eine Stunde mit dir selbst pro Woche, wo exakt nichts ist, wo du nur aussteigst und STOPPST.

Das Richtige tun – »Stopp and Go«

In diesem besseren Zustand bist du um Quantensprünge effektiver. Du lässt Unnötiges weg, weil du besser mit dir verbunden bist. Dein Körper lügt ohnehin nicht, er präsentiert dir die Rechnung, wenn du ihn überbeanspruchst oder Dinge tust, die dir nicht guttun. Im Fall des authentischen Handelns werden Denken, Spüren und Handeln eins, was ein Vielfaches an Authentizität bedeutet. Du ersparst dir also Wege, die dein Körper ausführt, die aber deinem inneren Bauplan, deinen Gedanken und Emotionen nicht entsprechen. Dieses authentische Handeln wird dir dein Körper danken, indem er entspannter, schmerzfreier und emotional freudiger wird.

Effektive Menschen sind gleichzeitig auch authentisch. Sie lassen Nebenhandlungen und unnütze Tätigkeiten einfach weg. Dadurch gewinnen sie Zeit und richten sich außerdem klarer auf ihre Ziele aus. Gleichzeitig specken sie ab, das Leben ist ohnehin für die meisten zu voll. Und das Paradoxe daran, sie müssen Pausen machen und stoppen, um all die vielen Dinge erledigen zu können, die sie gerne möchten, um das zu erreichen, was sie wollen.

Wir haben immer gedacht, nur durch immense Leistung erreichen wir unsere Ziele. Doch der Gefahr, durch extreme Leistung in die Überanstrengung und Ineffektivität zu gleiten, beugen wir hier mit diesem Patentrezept vor: **Leistung vollbringen durch Stoppen und Pausieren!** Wirklicher Erfolg und wahre Leistung entspringen nur aus der Leichtigkeit. Die meisten erfolgreichen Leute beurteilen am Ende ihres Lebens ihr Dasein als nicht wirklich erfolgreich. Ja, sie haben finanziell und beruflich alles erreicht. Aber sie haben versäumt, ihren Körper gesund zu erhalten und sich Zeit für Familie und Freunde zu nehmen, sie sind oft unglücklich, krank und einsam. Wirklicher Erfolg ist ganzheitlich und schließt immer Leichtigkeit, Lebensfreude, Erfüllung und Gesundheit mit ein. Ohne diese ist Erfolg nicht tiefgründig erlebbar. Das ist auch der Grund, warum so viele reiche Leute unglücklich sind. Das »Richtige tun« bedeutet also, seine Ziele mit einem gesunden Körper und voller Lebensfreude aus der Leichtigkeit zu erreichen.

Den Augenblick genießen

Lerne, da zu sein in diesem Moment und dich voll wahrzunehmen, um dich fit für das richtige Tun zu machen: Mit etwas Übung wirst du das Nichtstun beim Stoppen lieben lernen, indem du dich selbst genießt. Wenn du dann nach dem Stopp wieder deinen Handlungen nachgehst, werden diese anders sein und mit etwas Übung kannst du stoppen und handeln gleichzeitig. Eine neue Qualität der Handlung entsteht: erhöhte Präsenz und weniger Automation.

ÜBUNG 1 – AUS DEM FILM AUSSTEIGEN

Höre auf deinen Körper und deine Gefühle. Stoppe, deinen Gedanken zuzuhören. Nimm nur den Augenblick wahr, mit allen Sinnen. Schaue ruhig herum, atme und beobachte dich dabei. Was ist, wenn Gedanken kommen? Bleibe einige Momente ausgestiegen und angehalten. Fühle deinen Körper. Was ist dann? Was empfindest du, wenn du stoppst? Was hörst du, wenn du aus deinem Handlungsfilm aussteigst? Wie siehst du die Wirklichkeit im Stopp?

JENSEITS VON GUT UND BÖSE

Sein und Nichtsein erzeugen einander.

Schwieriges und Einfaches ergänzen sich.

Hoch und Tief streben zueinander.

Die Wahrheit klingt oft so, als wäre sie voller Widersprüche.

Der Weise tritt zurück, und gerade deshalb ist er so weit voraus.

– LAOTSE –

29

Der Krampf des Wertens und Verurteilens

Lasse ein paar Kilo an Bewertungen und Unterscheidungen weg: gut – schlecht, schwierig – leicht, dumm – clever. Hör auf zu werten! Nimm ein paar Gedanken ab, im Sinne einer Gewichtsabnahme. Lass das Urteilen. Lass los. Mache Pause von dir selbst. Dieser Trick »Jenseits von Gut und Böse« geht direkt aus dem ersten Schritt »STOPP« hervor. Erstens: Stopp! Steige aus und akzeptiere zweitens den Augenblick. Das Akzeptieren und Loslassen sagt sich immer so leicht – ich weiß schon und habe vollstes Verständnis, wenn du jetzt »nein, aber ...« sagst – aber darüber wirst du nicht hinwegkommen. In diesem Buch erwarten dich noch viele Übungen und Erklärungen, die dir das Akzeptieren erleichtern mögen (siehe Schritt 3, »Widerstand ist zwecklos«).

Totales Akzeptieren

Akzeptiere diesen Moment, so wie er ist. Jetzt und hier in diesem Augenblick! Du hast keine andere Wahl, als dich in diesem Moment zu befinden. Du hast nur eine Wahl: Ja oder Nein zu sagen. Nein heißt Widerstand. Ja möglicherweise ebenfalls, denn der Moment kann auch unerträglich sein, so wie sich das Sein schwer anfühlen kann. Widerstand heißt sogar etwas Drittes, du fängst zu denken an, ob der Moment gut oder schlecht ist, was dir helfen könnte oder was du tun solltest oder nicht!

Vielleicht beurteilst du jetzt die Momentansituation. Du tadelst/verurteilst andere, die vermeintlich Schuld an deinem momentanen Zustand haben, oder, was noch schlimmer ist, du verurteilst dich selbst. Begib dich jenseits von Ja und Nein, jenseits dieses Widerstandes. Gib auf! Gib das Denken auf! Sofern du es kannst und soweit du es kannst! Und höre mindestens jetzt einmal eine Sekunde NICHT auf deine Gedanken, sondern spüre deinen Körper, die Atmung oder höre auf irgendwelche Klänge, im Inneren oder draußen, als ob du Musik hören würdest.

Wenn das Urteil in sich zusammenfällt

Dieser Schritt – Jenseits von Gut und Böse – soll dir helfen, deine innere Einstellung dahingehend zu ändern, den momentanen Zustand so zu akzeptieren, wie er ist. Steige aus der Polarität von Gut und Schlecht aus. Akzeptiere den Augenblick, OHNE Urteile zu fällen. Das ist fast die schwierigste Angelegenheit, deshalb beginnst du auch hiermit! Wenn das Urteil wirklich in sich zerfällt, kehrt unmittelbar Leichtigkeit ein.

Das URTEILEN: Du hast sicher zu bewerten begonnen, ob das Geschriebene sinnvoll ist oder es dir nichts bringt weiterzulesen. Du analysierst, ob es einen Sinn ergibt, was in der ersten Anleitung (Schritt 1, »Stopp«) steht. Du versuchst, das Geschriebene einzuordnen, einen roten Faden zu finden. Du versuchst, mit deinem Verstand alles in eine Struktur zu bringen, in deine Matrix, die genau dem entspricht, wie du bisher gelebt hast, wie du aufgewachsen bist, welche Menschen dich geprägt haben. Dein persönliches Weltbild bildet deine Art zu denken. So ist es mit allem. In allen Situationen.

»Ent-Werten« – Überblicken – Einsehen – Aufgeben – Freisein

Der Verstand versucht anhand der Normen, die du gesetzt hast, zu bewerten, zu ordnen und zu messen. Und diese sind zutiefst subjektiv. Sie bilden sich aus deiner Sichtweise und prägen deinen Blickwinkel. So konstruierst du dir deine Wirklichkeit und siehst die Welt nur auf eine bestimmte Art und Weise. Das engt dich ein, es begrenzt deine innere

Einstellung und Sicht auf die Welt und dein Leben, die du vielleicht manchmal ändern könntest. Es beschränkt deine Freiheit, denn das Göttliche, das Universum oder der »Überblicker« sieht die Welt mit vielen Augen und du nur mit deinen.

Hast du dir schon mal überlegt, wie vermessen es ist, zu beurteilen: »So muss es sein und nicht anders.« »Es kann nur so sein und nicht anders, ich habe es doch noch nie anders erlebt, das gibt's doch gar nicht!« So wie du es willst, kennst und erfahren hast, hat es zu sein. Oder: »Ich verstehe das nicht, wieso macht dieser Mensch das so anders ...? Wieso ist dieser Augenblick gerade so unerträglich?«

Ich gebe dir ein Beispiel: Ich hatte eine Frau in einem meiner Trainings, die meinte, sie sei immer eine gute Frau gewesen, trotzdem sei ihr der Mann abhandengekommen. Er war schlecht und sie immer gut. Wie konnte das geschehen, unabhängig von allen möglichen Gründen, die es dafür gäbe? – »Dann sei endlich mal eine schlechte Frau, erst dann wirst du jenseits von Gut und Böse sein«, meinte ich. Und darum geht es. Das »zu Gute« braucht als Gegengewicht das »Schlechte«. Wenn einer zu schlecht ist, muss der andere zu gut sein, damit die Beziehung funktioniert. Wird der Gute auch schlecht, muss das Schlechte besser werden, sonst herrscht kein physikalisches Gleichgewicht im Universum. Und doch ist der Gute weder schlecht noch gut, und der Schlechte ebenso wenig. Der universelle Ausgleich passiert nur in der subjektiven Bewertung und letztlich im »Ent-Werten«.

Die goldene Mitte der Akzeptanz ist jenseits von Gut und Böse

Wenn du in deine Mitte kommen willst, also jenseits von Gut und Böse, musst du die Wertungen und deine eigene Sichtweise aufgeben und versuchen, die Welt mit anderen Augen zu sehen. Und das geht nur, wenn du beides siehst, Gutes und Schlechtes, Falsches und Richtiges. Erst dann kannst du lernen, die Mitte auszuloten. Es wäre vermessen zu sagen, du wüsstest Bescheid, wie die Welt zu funktionieren hätte. Bist du Gott? Um es weltlicher auszudrücken: Bist du das Universum? Weißt du Bescheid über alles, dass du die Welt beurteilen und andere verurteilen kannst? Woher weißt du, dass dieser Augenblick in all seiner Perfektion schlecht für dich sein sollte, dass du Normen und Regeln, die für andere gelten, aufstellen dürftest? Wie kannst du gar beurteilen, wie andere zu sein haben?

Wo bleibt die Norm? Was ist allgemeingültig?
Wer kann der ultimative Überblicker sein, der große Weise?

Diese Fragen bringen uns in die Welt der Wissenschaftsphilosophie und des Bewusstseins, darüber gibt es unzählige Bücher. Was für uns hier wichtig erscheint: Wer ist der ultimative neutrale Beobachter? Der »Überblicker« sozusagen? Jener, der aufgrund seiner universalen Weisheit urteilen kann. Gibt es den? Oder kann das nur die Quelle selbst oder das Bewusstsein an sich sein?

Was stimmt also wirklich, was ist richtig für dich? Und was ist das Stimmigste im Moment? Diese Frage kannst du nur aus dem Bauch heraus beantworten.

Sicher, man kann auch logisch antworten, nur ist da die Sichtweise bestimmt zu einge-engt. Die Frage nach dem Warum ist überhaupt schwierig und sehr oft unlösbar, weil wir als kleine Individuen nie den gesamten Überblick über alles haben können.

Glücklicher scheinen die zu sein, die weniger Fragen, Beurteilungen, Normen und Gedan-ken haben! **Höre also auf zu bewerten. Sage stattdessen: »Aha, so ist das, so sieht das für mich aus. Mal sehen, was das wird. Könnte es sein, dass dieser Sachverhalt morgen anders aussieht und ich die Welt mit anderen Augen sehe? Wer weiß, wofür das gut ist. Was weiß ich denn schon?« Das macht alles leicht.**

Willst du verstehen oder glücklich sein?

Was gibt es alles zu verstehen, die Welt ist so komplex, jeder andere Mensch auch, wir werden ihn nie zur Gänze verstehen. Verstehst du dich selbst? Wenn wir also in »die Mitte« kommen wollen, müssen wir die Extreme ausloten und uns dann von der Verurtei-lung der Extreme befreien. Dazu zählt, aufzugeben, andere und schwierige Sachverhalte verstehen zu wollen!

Ein Beispiel: Auf die rechtsradikale Demonstration gibt es eine linksradikale Gegende-mo. Die Vegetarier verurteilen vielleicht Fleischesser. Sie können sagen, Vegetarier sind gut und Fleischesser schlecht, beides begrenzt jedoch. Die einen denken, Veganer sei-en gut, die anderen wieder, man müsse Steinzeitkost essen. Oft verurteilen diese sich gegenseitig. Distanziere dich davon. Du könntest Vegetarier sein und isst auch hie und da Fleisch, und wenn du es tust, verurteile dich nicht, sondern genieße es. Du könntest auch Fleischesser sein und vegane Rohköstler nicht verurteilen. Dass Fleischesser Vegane verurteilen, passiert sicher seltener, weil es ökologisch und klimatechnisch sinnvoller ist, vegan zu essen. Aber es geht um das Prinzip, andere Essgewohnheiten eben NICHT auszuschließen. Erst dann bist du jenseits von Gut und Böse. Verurteile dich und andere nicht, ob das eine besser als das andere sei, auch wenn es noch so viele wissenschaftliche Beweise gibt. Wissenschaftliche Erkenntnisse, Konzepte und Theorien haben sich im Laufe der Menschheitsgeschichte ständig geändert!

Friede sei mit dir

Hör auf mit diesen Gefechten! Wenn du anfangen willst, zu manchen Dingen deine Einstellung zu ändern, dann höre mit dem Werten und Bewerten oder gar Verurteilen von anderen Einstellungen und Sichtweisen auf! Lasse die unterschiedlichen Einstellungen stehen, im SEIN, lebe los! Du bist Laktovegetarier und dein Nachbar Carneveganer, der unter dir Wohnende steinzeitlicher Rohköstler und der über dir ein ayurvedischer glutenfreier Makrobiot. Ebenso wie du an den See in Urlaub fahren willst und deine Partnerin vielleicht ans Meer oder in die Berge. Vielleicht ist die Meeresluft gesünder als die am See. Irgendetwas finden wir bestimmt, was besser ist, um unsere Vorstellungen durchzusetzen, zu begründen und daran festzuhalten. Glücklich macht es nicht. In diesem Sinne gilt auch der Spruch: »Willst du an deiner Einstellung festhalten und recht haben oder willst du glücklich sein?«

Die Akzeptanz der Schwere macht leicht

Die Suche nach der Leichtigkeit macht schwer, die Akzeptanz der Schwere macht leicht. Jenseits von schwer und leicht ist die goldene Mitte. Denn es ist weder leicht noch schwer. Es IST so, wie es ist! Ohne Wenn und Aber, lasse das Wenn und Aber einfach weg! Jenseits von Gut und Böse BIST du.

ÜBUNG 2.1 – GRENZEN AUSLOTEN UND DIE MITTE FINDEN

Führe eine Alltagshandlung extremer, schneller und dann wieder langsamer aus. Finde eine für dich typische Alltagshandlung, zum Beispiel die Wohnung anders aufräumen als gewohnt, den Weg zur Arbeit auf der anderen Straßenseite gehen als sonst, Kaffee erst ohne Zucker trinken und dann überzuckert etc. Iss einmal richtig viel von etwas und dann wieder gar nichts oder extrem wenig vom Gleichen. Tu das sehr bewusst! Erweitere deine Grenzen.

Probiere aus, wenn du Ja-Sager bist, mal einen ganzen Tag lang Nein zu sagen. Und umgekehrt, als Nein-Sager einmal einen ganzen Tag lang nur Ja. Schau, was dann passiert. Wie die Welt auf dich reagiert, wenn du anders handelst und Ja beziehungsweise Nein sagst. Wie die anderen dich verurteilen, du seist vielleicht böse oder eben heute besonders gut. Dann sagst du, ja, so bin ich. Besser, du sagst gar nichts und lässt es so, wie es ist. Wenn du nicht weißt, ob du eher zum Ja oder Nein tendierst, dann tu einfach in einer Situation das Gegenteil von dem, was du gewohnt bist. Wenn du eine Ästhetin bist und Schönheit liebst und dich vielleicht abmühst, dass immer alles aufgeräumt, dekoriert und einfach schön ist, dann achte auch einmal auf alles Hässliche um dich herum, lasse das Hässliche einfach mal sein, ohne es schön zu machen. Lasse hässliche Worte stehen, ohne sie schönzumalen, schönzureden. Und beobachte dich und die Umwelt, nimm wahr, was dann passiert.

Gleichzeitig hier und dort

Mache ein Spiel aus deinen Handlungen. Spiele mit Extremen (z. B. zwei Tafeln Schokolade am Stück essen und dann gar nichts Süßes für eine Zeit; es muss nicht Schokolade sein, es kann auch Brot oder sonst etwas sein). Spielen heißt, Leichtigkeit zu gewinnen. Beide Extreme auszuführen und zu durchleben und keines von beiden mehr automatisch tun zu müssen verschafft Freiheit. Beide Extreme aber gleichzeitig auszuführen bringt Leichtigkeit: »Stehe jetzt genauso auf, als ob du sitzen bleiben würdest.« (Kommt aus der Feldenkraismethode und bringt maximale Aufrichtung. Maximale Aufrichtung im Schwerefeld bringt maximale Leichtigkeit in der Bewegungsorganisation.) Probiere es aus!

Du kennst beide Extreme, hast sie durchlebt und kannst beides gleichzeitig sein und auch wieder keines von beiden. Denn beides gleichzeitig geht ja nicht, wie wir wissen. Es ist wie im Theater, der Schauspieler muss bei sich und im Publikum gleichzeitig sein, sonst ist keine Spannung vorhanden, und das Stück ist langweilig. Der Schauspieler ist gleichzeitig hier und dort, durch die fiktive örtliche Trennung und energetische Spaltung der Person. Beides gleichzeitig, als ob keine Trennung vorhanden wäre. Andererseits und paradoxerweise muss es eine Trennung geben zwischen Bühne und Zuschauerraum, auch wenn die Schauspieler im Publikumsraum direkt spielen. Auch hier wird wieder eine Spannung erreicht, der Schauspieler ist hier und nicht dort. Diese entsteht dann atmosphärisch, energetisch und durch die Rolle, die der Schauspieler einnimmt (nach W. Gufler, Theateratelier Le Corbeau). Hier ist also ein Paradox, es gelten gleichzeitig zwei Wahrheiten, es gelten gleichzeitig zwei völlig unterschiedliche Sichtweisen, die normalerweise logisch nicht miteinander verbunden werden können. Diese Haltung gilt es einzunehmen.

In der Physik nennt sich dieses Phänomen Superposition. Darunter versteht man eine Überlagerung gleicher physikalischer Größen, wobei sich jene nicht gegenseitig behindern. Zwei paradoxe Sachverhalte, Sichtweisen, Wahrheiten dürfen gleichzeitig nebeneinander existieren. Wenn wir die Wirklichkeit immer genauer beobachten, entdecken wir mehr und mehr Widersprüche und Paradoxe. Das Vereinen dieser Widersprüche, Gegensätze und Unterschiedlichkeiten bringt einen in die goldene Mitte und auch in das SEIN im Augenblick erhöhter Präsenz. Erhöhte Präsenz verschafft direkt und unmittelbar Leichtigkeit.

ÜBUNG 2.2 – AKZEPTANZ DURCH WUNDERN, FALLEN UND LOSLASSEN

In deiner inneren Einstellung akzeptierst du die Dinge, wie sie gerade im Moment sind, ohne sie zu werten. Das mag zwar schwer sein, aber probiere es aus. Jedes Urteilen, Verurteilen, jeder Gedanke darf da sein, im Augenblick kommen und gehen. Wundere dich über die anderen, dich selbst und die Welt, aber so naiv wie Kinder das tun, ohne Urteile zu fällen. Wundern macht weit, Wundern ist ein Wunder. Weite macht frei. Atme so lange bewusst, bis du vor lauter Kopfschütteln und Ärgern nur mehr lachst.

In der Regel wirst du in gewissen Situationen eng werden, weil du dagegen bist und dir das Lachen vergeht. In diesem Fall führt der Ausweg im Akzeptieren nur über den Körper. Also versuche, dich dort zu entspannen, wo du eng bist, atme dort hin. Lasse dich hineinfallen in eine gewisse Machtlosigkeit, wenn du etwas nicht ändern kannst. Überlege dir, was das Positive und Gute an jenem sein könnte, das du nicht akzeptieren willst. Drücke deine Körperreaktion der Nichtakzeptanz aus, äußere dieses Gefühl in Bewegungen und übertreibe diese. Mache eine lustige Dummheit, einen Schalk, etwas völlig Ungewöhnliches, genauso wie du die Gegenmeinung einfach total deplatziert findest. Drücke das in Bewegung aus.

Du wirst merken, wie die Akzeptanz sich nach und nach einstellt. Falls das nicht funktioniert, dann lies das folgende Kapitel, »Widerstand ist zwecklos«, und mache die dort beschriebene Übung.

WIDERSTAND IST ZWECKLOS

Wer sich erinnern kann, ist ein Meister der Vergangenheit.

Wer sich verändern kann, ist ein Meister der Zukunft.

– CHINESISCHES SPRICHWORT –

Auf deinem Weg werden Hindernisse auftauchen, Widerstände, die es zu bewältigen gilt. Der Augenblick fühlt sich extrem schwer und unerträglich an, wir sitzen mitten in einem Problem fest. Wie oft im Alltag verneinen wir unsere Momentansituation, sitzen also fest und fühlen uns müde, festgefahren und schwer und

- sagen nicht unsere Meinung,
- hören nicht auf unsere innere Stimme,
- verdrängen innere Schwere und versuchen, den Schein aufrechtzuerhalten.

Das bedeutet jedoch gleichsam, gegen unsere eigene Natur zu kämpfen. Wann hören wir auf, uns etwas vorzumachen, und akzeptieren die Schwere des Moments? Ich versichere dir, es kehrt sofort Leichtigkeit ein, wenn du WIRKLICH auf allen Ebenen, emotional, mental und körperlich, NICHT gegen den Widerstand ankämpfst, sondern die Situation akzeptierst. Und das haben nicht nur die »Borg« von Star Trek gesagt. Jene außerirdischen Wesen, die im Film gegen das Raumschiff Enterprise kämpfen, waren stärker als die Menschen. Ihr Spruch »Widerstand ist zwecklos« meinte, dass die Menschen eben durch Widerstand keine Chance hatten.

Schau hin! Handle anders, gib auf. Gib deinen Widerstand gegen dich und die Welt und den Feind auf! Hierzu eine Handlungsanleitung:

ÜBUNG 3 – ÜBERWINDUNG DER SCHWERE IM WIDERSTAND

Diese Schritt-für-Schritt-Anleitung hilft beim Aussteigen aus mentaler, körperlicher und emotionaler Schwere (Ärger, Stress, Negativität, Streit):

Innehalten

Atmen

Der Realität ins Auge schauen

Dem Gegenüber präsent in die Augen sehen, wenn es ein Gegenüber gibt

Dabei deinen eigenen Körper und besonders die Beine spüren, etwaigen Schmerz an unterschiedlichen Stellen wahrnehmen

Genau sehen, welches Gefühl du wahrnimmst: Ärger, Traurigkeit, Angst oder anderes?

NICHT auf deine Gedanken hören: Negative Worte ziehen lassen, ihnen emotional und gedanklich keine Bedeutung geben. Die Worte einfach »ziehen« lassen und die Wahrnehmung auf etwas anderes fokussieren. Wenn es sich weiterdreht bis zum Schwindel, verlasse den Ort, mache sofort eine andere Tätigkeit, die Freude bereitet, zum Beispiel spazieren gehen, Musik hören oder etwas Gutes riechen.

Gleichzeitig achte wieder auf deinen Körper. Was verändert sich, wie fühlt er sich an? Nach welcher Bewegung verlangt er? Gehe dieser nach! Ist die Hitze der Emotion schon verflogen? Du wirst staunen, wie die negativen Gedanken plötzlich aufhören.

Sieh in die Ferne, lasse den Blick abschweifen und ins Unendliche gleiten, defokussiere. Du kannst auch in die Nähe schauen, falls du gerade keine Fernsicht hast, und trotzdem die Augen so entspannen und ins Unendliche gleiten lassen, dass du defokussierst. (Defokussieren beinhaltet nach Dr. Mück auch die Umwandlung von symptom- und beziehungsgebundenen Gefühlen in sinnlich-öffnende Gefühle. Du kannst diese Technik in solchen Emotionalzuständen anwenden, das erleichtert den Emotionsabbau.)

Schaue auf etwas Schönes, denke nun an ein Gefühl und an eine Situation, die besser sind als die momentanen. Was brauchst du, um an solch eine Situation zu denken und dich hierbei besser zu fühlen?

Nun richte besonderes Augenmerk auf dein »Problem«, deine jetzige Situation. Kannst du es als Faktum betrachten, wenn ich behaupte, es ist einfach so passiert, aber es muss sich nicht wiederholen? Wie sieht es mit Abstand aus? Kannst du schon lachen über das Problem, über dich selbst? Hätte es schlimmer sein können? Ist es wirklich so schlimm? Sieh es als »Ich akzeptiere es« an, gib deinen Widerstand gegen dich selbst auf.

Mit einiger Übung lässt sich dieses Rezept in JEDER Situation durchführen. Stelle dir eine Problemsituation, Stress, einen Konflikt oder eine Demotivation vor! Die Übung funktioniert ähnlich der Stopp-Übung, dem Innehalten, allerdings wird hierbei die Stopp-Übung vorausgesetzt und um einige Aspekte erweitert.

Zusammenfassung: Du atmest, du spürst deinen Körper, die Hitze des Ärgers, du hörst die negativen Gedanken, die in deinem Kopf herumschwirren. Du nimmst einfach dein Problem wahr, ohne den Gedanken Raum und Bedeutung zu geben.

Nun halte inne, sei still! Du versuchst, aus diesem Film auszusteigen. Und du steigst aus! Es braucht nur etwas Übung. Du lernst EXAKT dein Verhaltensmuster in solchen extrem unangenehmen Situationen kennen, und dann lässt es sich transformieren, indem du aussteigst. Beginne noch heute, schaue ganz genau auf dich selbst, und höre dir endlich zu, spüre, was unabänderlich da ist! Falls es dir dennoch NICHT gelingen sollte, schaue auf die Übung 4 zur Kameraperspektive und lerne diese zuerst.

DIE KAMERAPERSPEKTIVE

Humor und die Kunst des Abstands

Humor ist die Medizin, die am wenigsten kostet und am sichersten hilft.

Humor heißt Abstand zu den Dingen.

– DEUTSCHES SPRICHWORT –

Wie in Schritt 3, »Widerstand ist zwecklos«, beschrieben, besteht die Gefahr, dass du dich zu sehr mit deinem Problem, deiner Sichtweise, aber vor allem zu sehr mit dem Widerstand identifizierst. Du verlierst dich darin. Jetzt heißt es, genau das andere Extrem zu erzielen – im Sinne von »Jenseits von Gut und Böse« (Schritt 2) erzeugst du Abstand.

Durch das Vereinen der Gegensätze erreichst du die goldene Mitte und dadurch den Abstand. Als Mittel der Übung »Stopp« steigst du auf eine bestimmte Art und Weise aus dem Momentanzustand aus, indem du innehältst. Die Übung zur Kameraperspektive soll dir helfen auszusteigen, indem du mehr Abstand bekommst, falls es dir in der Stopp-Übung oder in der Übung 3, »Überwindung der Schwere im Widerstand«, nicht gelingt.

ÜBUNG 4 – ABSTAND ERZIELEN

Stelle dir vor, dass du von einer Kamera gefilmt wirst. Nimm deinen rechten Arm und halte darin eine fiktive Kamera, die du auf dich selbst richtest. Am besten von rechts hinter dir, wenn du Linkshänder bist, von links hinter dir. Du kannst dir diese Kamera aber auch von jeder Seite, von oben, aus der Vogelperspektive und auch von unten auf dich gerichtet vorstellen. Auf diese Art grenzt du dich von dir selbst ab, als ob jemand anderer dich beobachten würde. Der Beobachter bist aber du selbst.

Verfolge dich während deiner Handlungen, beim Atmen, beim Bewegen, bei dem, was du gerade tust. Schaue dir selbst zu, was du manchmal für eine Dummheit machst, welche Absurditäten du betreibst. Humor entsteht nur aus diesem Abstand, manchmal ist es auch Galgenhumor, das kennst du vielleicht. Aber genau diesen Abstand zu gewinnen erzeugt Leichtigkeit und Lachen.

Mache die Übung mehrmals täglich, du wirst staunen, wie effektiv das ist, wie es dir hilft, aus manch »falschem Film« auszusteigen.

Galgenhumor entsteht auch durch die Übertreibung und Verstärkung, wie in Übung 2.1 beschrieben (»Jenseits von Gut und Böse«), sowie durch den großen Abstand. Es ist schon dermaßen schlimm und jenseits, dass man dann wieder lachen kann.

47

TONNENSCHWERE LEICHTIGKEIT

Die Suche nach Leichtigkeit macht schwer.
Die Akzeptanz der Schwere macht leicht.

Folgendes habe ich im Alter von dreißig Jahren bemerkt: Damals arbeitete ich bei der UNO im Klimaschutz und war ziemlich gestresst. Ich flog dauernd irgendwo in der Welt herum, konnte mich nicht einmal mehr bücken vor lauter Rückenschmerzen und fühlte mich mental sehr schwer und angestrengt. Es schien mir also geradezu notwendig, mich auf die Suche nach Leichtigkeit zu machen, was ich dann beginnend 2000 in Wien tat. Was ich alles besuchte, vom Coach über Workshops bis hin zum Arzt und Therapeuten. Es nutzte nicht viel. Ich begriff nicht, dass die Suche allein nach Leichtigkeit aussichtslos ist. Es handelt sich hier wieder um ein Paradox.

Die Suche ist aussichtslos – der Fokus auf die Schwere ist die Lösung

Erst als ich verstand, dass Leichtigkeit untrennbar mit der Schwere verbunden ist, änderte sich mein Leben. Ich legte also den Fokus auf die Schwere. Aber bitte verstehe das so: Das ganze Leben hatte ich versucht, schweren Situationen auszuweichen, siehe unter »Widerstand ist zwecklos«. Es geht also darum, die Schwere zu erfahren, den Widerstand loszulassen, die Wertung aufzugeben und den Moment so intensiv wahrzunehmen, bis du merkst, die Schwere weicht von selbst.

Natürlich legst du gleichzeitig den Fokus auf die Leichtigkeit und das Positive und auf die »Das-Glas-ist-halb-voll«-Sichtweise. Es ist eine Gratwanderung, die goldene Mitte zwischen dem einen Extrem – sich total im Negativen der Schwere zu verlieren, in der Wut oder Verzweiflung zu ertrinken und daran festzuhalten – und dem anderen – sich im Gegensatz dazu alles schönzureden nach dem Motto »Es ist ja eh alles in Ordnung«, sich Mantren vorzusingen wie »Es ist alles leicht, alles wird gut« oder sich therapieren zu lassen, indem wir glauben, es wird schon jemand alles für uns richten mit dem wundersamen Heilmittel, ohne selbst genau hinzuschauen und selbst zu üben.

Beide Ansätze sind nicht zielführend und bringen längerfristig keine Erleichterung in dein Leben. Es geht also darum, die Schritte »Stopp«, »Jenseits von Gut und Böse«, »Widerstand ist zwecklos« und »Kameraperspektive« gleichzeitig anzuwenden und damit in die goldene Mitte zu kommen. Wichtig ist, sich wirklich Zeit zu nehmen. Das ist ein Lernprozess, denn die goldene Mitte ist nur erfahrbar, also durch Übung zu erreichen.

ÜBUNG 5 – INTEGRIEREN UND AUS DER MITTE HANDELN

1. Die Situation des Augenblicks wahrnehmen und verlangsamen

2. STOPP: Die richtige Einstellung gewinnen und aus dem Film aussteigen

3. Abstand erzeugen, die Kameraperspektive einstellen, sich wirklich Zeit nehmen

4. Sich von Wertung, von negativen Gedanken befreien, den Widerstand aufgeben

Dazu, wie du das lernst, siehe auch die Kapitel zu Schritt 1 bis 4.

Erst jetzt bewusste Aktionen und Handlungen setzen, also »normal« weitermachen

---

Die Schwierigkeit ist, und das erlebe ich immer wieder beim Training, dass fast alle Teilnehmenden am liebsten die ersten vier Etappen überspringen und sofort handeln wollen. Es soll sofort eine Lösung her, die das vermeintliche Problem beseitigt, damit ja nichts Unangenehmes zu spüren ist, geschweige denn Emotionen hochkommen. Negative Gedanken werden unter den Tisch gekehrt und ausgeblendet. Leider funktioniert es so nicht. Das haben wir schon jahrhundertelang vergeblich versucht. Wie wäre es, wenn wir uns ab jetzt Zeit nehmen und alle Aspekte der Schwere erlauben? Du wirst erstaunt sein, wie schnell diese von selbst vergehen.

Und wenn gar nichts hilft, dann nimm dir noch mehr Zeit, indem du körperlich aktiv wirst. Mache einen zwanzigminütigen Spaziergang. Das klingt nach viel, aber ist wesentlich effektiver, als zwanzig Minuten lang emotional Konflikte mit Worten bereinigen zu wollen oder krampfhaft nach Lösungen zu suchen. Sieh im nächsten Schritt, »Wenn nichts geht, dann geh!«, was genau der Vorteil dabei ist.

Ich verstand lange nicht, dass die Schwere zur Leichtigkeit gehört wie das Gute zum Bösen, die Nacht zum Tag oder die Dunkelheit zum Licht. Aber diese Einsicht bescherte mir einen Durchbruch. Leider, wie in ähnlichen Situationen – du kennst bestimmt die homöopathische Erstverschlechterung –, verschlechterte sich mein Zustand erst einmal enorm. Der Grund liegt darin, dass anfangs die schlechten Phasen so lange anhalten, weil noch zu viel Widerstand im Körper ist, der den ganzen Prozess unnötig in die Länge zieht. Mit der Zeit und ein wenig Übung geht es aber immer schneller, Emotionen wie Angst, Unannehmlichkeiten, Scham, Ärger umzuwandeln. Was dann bleibt, ist reine Motivationskraft.

Durch das Akzeptieren und bewusste Durchleben solcher schweren Situationen gewöhnen sich das Hirn und der Körper an die Begleiterscheinungen und lernen, damit besser umzugehen. Die Folgen sind mehr Gelassenheit, Ruhe und Energie. Manchmal hilft es auch, gegen negative Emotionen oder gegen die unerträgliche Schwere des Seins mit den Beinen zu strampeln, Staub zu saugen oder zu brüllen, das beschleunigt auch. Aber nur, wenn du diese Aktionen bewusst tust, also zum Beispiel mittels der Kameraperspektive.

Es geht auch anders

Die Zeiten, in denen wir in der Vergangenheit, im Problem und im Negativen herumackern, sind ebenso vorbei wie die Phase des »Ab nun ist alles supereasy, leicht und schön«. Jetzt gilt es, beide Sichtweisen jenseits von Gut und Böse zu vereinen, indem du weder in der übertriebenen Leichtigkeit schwelgst noch im Sumpf verharrst. Das bedeutet, sowohl die Leichtigkeit als auch die Schwere zu integrieren und authentisch zu sein. Vielleicht fragst du dich, was denn in der goldenen Mitte bleibt. Es ist eine echte authentische, geerdete Leichtigkeit, etwas Satteres als jenes überschwängliche Gefühl, das auch schnell wieder verpuffen kann. Falls du es nicht schon kennst, lass dich überraschen!

Wenn du also deinen Widerstand gegen die Schwere und gegen negative Emotionen aufgibst, kommt alles von selbst ins Lot, indem du Zeit gewinnst, dir Zeit nimmst, verharrst, stoppst, aussteigst, beobachtest (siehe auch Schritt 7, »Erfolg durch Nichtstun – im Nicht-Tun«). Bitte interpretiere dies nicht als »Dann brauche ich ja gar nichts mehr machen, es wird alles von selbst gut«. Nein, das meine ich nicht. Du sollst nicht tatenlos werden, sondern einfach wieder deinen »guten« inneren Zustand herstellen und erst danach wieder aus der Leichtigkeit heraus handeln. Nicht vorher.

Über den Dächern

In diesem Zusammenhang möchte ich erwähnen, dass Leichtigkeit nichts mit Leichtsinn zu tun hat. Manche denken, die Leichtigkeit wäre auch etwas sehr luftig Abgehobenes. Das verstehe ich nicht darunter. Bodenhaftung und Realitätsnähe gehören absolut zur Leichtigkeit des Seins. Erst dann erhält sie Flügel und wird authentisch. Man kann die Schwere nie von der Leichtigkeit abtrennen, obwohl das viele so gerne tun würden. Allerdings verlängert sich die Zeitspanne, in der das Gefühl von Leichtigkeit gegenüber dem der Schwere überwiegt, mit zunehmender Übung.

Wenn wir träumen und total abheben, dann sollten wir immer nach der Wirklichkeit und auf den Boden schauen! Uns fragen: Wie real ist das und wo ist es gleichzeitig schwer in uns? Erst wenn wir die Lücken der Schwere in uns aufgespürt, angesehen und transformiert haben, bleibt diese wunderbare Leichtigkeit der goldenen Mitte übrig, die gesättigte, intensive, innere Ruhe der gelassenen Lebensfreude und Zeitlosigkeit.

Diese Sichtweise verdeutlicht automatisch, je nachdem welcher Typus du bist, dass du entweder etwas mehr Realitätsnähe und Bodenhaftung brauchst oder etwas mehr luftige Bewegung, Humor, Abstand und Leichtigkeit. Es sind zwei Pole, einerseits das Aussteigen aus der trübseligen Schwere, indem man sie wirklich erkennt und ihr ins Auge sieht, andererseits das Aussteigen aus abgehobenen Leichtigkeitsträumen und das Zurückfinden in die Realität. In meinen Trainings geht es immer wieder darum, sich in dieser Mitte zwischen den beiden Polen zu treffen. In der goldenen Mitte.

WENN NICHTS GEHT, DANN GEH!

Manchmal wird nichts möglich sein, es geht gar nichts. Du kannst weder innehalten wie im Kapitel »Stopp« beschrieben noch Abstand erreichen, siehe »Kameraperspektive«, noch dich mit dem Widerstand identifizieren, siehe »Widerstand ist zwecklos«, noch die Schwere ertragen, siehe »Tonnenschwere Leichtigkeit«, sondern es ist einfach so grauenvoll; es funktioniert gar nichts mehr.

Dann tritt als Rettung das Bewegungsprinzip in Kraft: Wenn nichts geht, dann geh! Geh einfach spazieren.

Geh los. Jetzt!

Du könntest auch Sport machen oder eine andere Bewegungsmethode anwenden. Nur leider ist das nicht so effektiv, weil die Tendenz zur Unbewusstheit, Automatisation und Unachtsamkeit viel höher ist. Dann fühlt man sich zwar besser, aber der Lerneffekt geht verloren, und man macht quasi die Emotion einfach nur weg, ohne daraus zu lernen. Insofern verpufft der »Geh-Effekt«. Gehen ist einfach und kann langweilig sein, weil eben genug Zeit vorhanden ist, sich voll wahrzunehmen. Die Gedanken, Körpergefühle und Emotionen lauern dann geradezu. Und das ist auch so erwünscht. Die ausdauernde Bewegung des Gehens beruhigt das Gehirn.

Wir unterschätzen die Wirkung, die das Gehen auf uns ausübt! Der Mensch ist natürlich und biomechanisch für die aufrechte Fortbewegung im Gehen gebaut. Es ist die natürlichste Art unseres Seins.

- Leider haben wir die Gehbewegung verlernt.

- Die Folgen sind Haltungsschäden und Schmerzen.

- Wir haben auch die Angewohnheit verloren, jeden Tag zwanzig bis dreißig Minuten zu gehen.

- Dadurch haben wir auch die Chance aufgegeben, in herausfordernden Situationen wie bei Stress, Ärger, Hektik und schlechter Laune automatisch schnell und sofort loszugehen, also auszusteigen aus negativen Emotionen und Problem-Gedanken.

Das Grundproblem ist der innere Schweinehund, sich die Zeit für einen Spaziergang zwischendurch zu nehmen, gerade dann, wenn es »brennt«.

Die Arbeit an der inneren Einstellung

Vergewissere dich und glaube, was ALLE sagen: Gehen bringt enormen Zeitgewinn! Gehen ist gesund und beruhigt die Nerven. Dein Kopf kann sich regenerieren. Du bist um vieles effektiver und effizienter. Du kannst mehr leisten! Du kannst aus negativer Gedankenwelt und Stress aussteigen. Gehen, Sport und ausdauernde Bewegung sind sehr gute Möglichkeiten, das Stresshormon Cortisol abzubauen. Gerade das ist aber die Grundvoraussetzung für Leichtigkeit im Alltag. Ein niedriger Stresslevel! Es muss nicht Ausdauersport wie Radfahren sein, einfaches, gemütliches Spazierengehen hilft am schnellsten. Gutes »Geh-Wissen!«.

Leichter abschalten

Manchmal passiert ein Widerstand nicht nur bei einer unangenehmen und herausfordernden Situation, sondern abends vor dem Schlafengehen. Das Gedankenkarussell hat uns eingeholt, und nichts funktioniert, um daraus auszusteigen. Um leichter abschalten zu können, ist Bewegung vor dem Schlafengehen eine sehr gute Möglichkeit. Auch hier hilft wieder Gehen! Die Vorteile:

- besser durchschlafen

- mehr Energie am nächsten Tag

- Herz-Kreislauf-Erkrankungen vorbeugen

Prävention von Haltungsschäden/Krankheiten

Doch das »richtige« Gehen will gelernt sein. Damit du deine körperlichen Beschwerden auch dauerhaft abbaust und eine gesunde Haltung im Alltag beibehalten kannst, musst du deine optimale Gehbewegung wiedererlernen. Das kannst du auch im speziellen Bewegungsseminar über »Körperliche Leichtigkeit« tun (siehe www.leichtigkeit.com).

ÜBUNG 6 – DEN INNEREN SCHWEINEHUND BESIEGEN

Du hast gar keine Lust zu gehen? Du hast in einer unangenehmen Situation keine Motivation, irgendetwas zu unternehmen? Wenn du diesen Widerstand nicht überwinden kannst, lies im Kapitel zu Schritt 3, »Widerstand ist zwecklos«, nach, wie dir dies gelingen wird! Ich mache es jetzt, oder ich tue es nicht. Mehr Möglichkeiten gibt es nicht in diesem Augenblick deines Lebens. Entweder wir machen es oder nicht, denn wenn nicht wir selbst, wer soll es jemals für uns tun?

Das beste Beispiel ist, mit dem Rauchen aufzuhören. Du bist es, der es tut, nicht ich, nicht der Trainer, nicht der Therapeut, nicht der Arzt, nicht das Medikament. Dieses Buch kann dir helfen, wie du in die Gänge kommst, siehe Schritt 11, »Die Umsetzungsformel«.

Akutrezept gegen den inneren Schweinehund

Wechsle einfach den Ort oder wechsle deine Wahrnehmung! Wenn du denkst und dich ärgerst, dann höre zum Beispiel Musik, rieche oder esse etwas. Es wird dir dann um vieles LEICHTER fallen, den inneren Schweinehund – das ist der größte Widerstand in uns – zu überwinden und loszumarschieren. Tu einfach irgendetwas anderes als im Augenblick.

Auch für das Innehalten (Schritt 1) und das Akzeptieren des Widerstandes (Schritt 3) hilft der Trick zum Ändern des Wahrnehmungskanals, indem du alle deine Sinne einsetzt, besonders jene, die gerade vernachlässigt sind. Wenn wir uns also beispielsweise ärgern, richtet sich die ganze Wahrnehmung auf die Emotion und das damit verbundene Gefühl. Vernachlässigt wird dabei der ganze Körper, was er gerade empfindet, das Gehör, was um und in uns auditiv vorgeht, sowie der Blick. Gleichfalls sind Geschmacks- und Geruchssinn nicht beachtet. Es hilft, die Wahrnehmung auszudehnen und sie auf diese anderen Sinne zu richten.

ERFOLG DURCH NICHTSTUN – IM NICHT-TUN

Weniger, immer weniger ist zu tun, bis man beim Nicht-Tun ankommt.

Ist man beim Nicht-Tun angekommen, bleibt nichts ungetan.

– LAOTSE –

Wir denken meist, Erfolg sei das Ergebnis harter Arbeit. »Aus nichts wird nichts. Ohne mein Dazutun geht gar nichts.« Dass dem nicht so ist, wissen wir schon seit jeher, auch ohne Psychologen und Neurobiologen. Meiner Schätzung nach tun wir ca. 70 Prozent Unnötiges. Damit meine ich nicht berufliche Tätigkeiten, die keinen Gemeinschaftsnutzen hervorbringen, ja, die gibt es auch. Ich meine es anders: Wir mischen uns ein, wo wir uns fernhalten sollten. Wir treffen die falschen Entscheidungen. Wir drehen uns im Kreis, wir tun einfach, um etwas zu tun, automatisiert, ohne nachzudenken, aus Perfektionsdrang. Wir reden stundenlang um den heißen Brei herum. Kurz, wir machen es uns selbst schwer, weil wir glauben, die ganze Zeit irgendetwas tun, klären oder reparieren zu müssen. Besonders, wie im Kapitel über den zwecklosen Widerstand beschrieben ist, handeln wir gegen uns selbst, indem wir die Dinge nicht so sein lassen können und auch wollen, wie sie sind. Anstatt den Widerstand zu spüren, handeln wir sofort und tun irgendwas.

61

Wie mühen wir uns ab!?

Wir kaschieren, editieren, verändern, vertuschen Sachen und handeln und agieren, obwohl eigentlich gar nichts getan werden sollte. Wir tun Sinnloses, von dem wir glauben, es sei besser, als zuerst den eigenen inneren Zustand zu klären und bei sich selbst zu beginnen.

Oft ist es also viel besser, nicht einzugreifen und den Dingen ihren Lauf zu lassen.

Der Zuviel-Macher

Häufig reicht es, 10 Prozent langsamer zu handeln, und schon weicht die hohe Grundspannung vieler Menschen. 10 Prozent langsamer zu handeln bedeutet oft nur die Hälfte an Anspannung und das Doppelte an Leichtigkeit und Freude! In diesem Zustand erreichen wir viel mehr, weil wir das Richtige tun. Effektivität heißt nicht, krampfhaft effizienter zu sein oder um 3,5 Prozent schneller, weiter oder höher, sondern im entscheidenden Moment richtig zu handeln. Dadurch erspart man sich Unnötiges. So lässt sich ein Quantensprung erreichen.

Dies bedeutet also NICHT, »die Dinge richtig zu tun«, sondern gleich von vornherein »das Richtige zu tun«. Und das Richtige noch dazu entspannt zu tun! Du wirst dich fragen: »Wie geht das denn, in der Alltagsgewohnheit 10 Prozent zu verlangsamen?« Das funktioniert am besten mit dem Trick der Kameraperspektive (siehe Übung 4). Du beobachtest dich selbst beim TUN, als ob du dich mit einer Kamera von hinten filmen würdest, und siehst genau, was du tust. Durch eine innere Distanz zu dir selbst über deinen inneren Beobachter, der dich beobachtet, als ob es eine andere Person von außen wäre, erlebst du den Alltag bewusster und entspannter.

Der Zuviel-Macher ist meist auch ein Perfektionist, einer, der gerne Harmonie hat, der nicht so leicht NEIN sagen kann, der im Glauben lebt, wenn alles erledigt sei, sei die Welt heil, und er könne sich endlich entspannen. Er glaubt, ohne ihn gehe gar nichts, er müsse auch alles kontrollieren, damit es funktioniere. Anstatt loszulassen! Das ist das Dilemma des Machers. Er kann sich nie wirklich entspannen und abschalten. Er kann auch Sachen in die Tat umsetzen, ohne wirklich nachzuspüren, ob das sinnvoll oder stimmig ist, eben weil er sich vor lauter Anspannung wenig spürt.

Der Zuviel-Denker

Aber was ist, wenn ich zu jenen gehöre, die eben keine »Umsetzer oder Macher sind«, die meist auch zu viel denken, was dann? Gilt das ZUVIEL dann auch? JA! Denn dann bist du in der Regel der Typ Denker, du überlegst, analysierst, interpretierst, anstatt gleich aktiv zu werden. Während der Macher sofort handelt und immer in Aktion ist, besteht dein ZUVIEL aus Denken und aus Analysieren. Du solltest den Spieß umdrehen, um vom Denken ins Tun zu kommen. Es kommt seltener vor, dass Nicht-Umsetzer auch Nicht-Denker sind, weil unsere Natur in dieser Materialisation als Mensch auf der Erde polar ausgelegt ist und nicht in der goldenen Mitte liegt. Wir sind zum Lernen da, diese Gegensätze des Zuviel und Zuwenig zu transformieren und uns der Mitte anzunähern.

Der Zuviel-NICHTS-Tuer

Aber was ist, wenn du eben weder zu viel tust noch zu viel denkst, aber dich auch nicht balanciert findest? Dann bist du vielleicht von der Sorte, die schwer motivierbar ist, und denkst, du bringst gar nichts weiter, weil du eben gerne abhängst. Der Vollständigkeit halber sei auch dieser dritte Typ erwähnt. Zumal es in unserer gespaltenen und extremen Welt zur Macher- und Denkerneurose eine Anti-Bewegung geben muss. Das ist jener Typ, der auf das Leben, auf die Leistung und auf das Zuviel mit Widerstand, mit Nichts-Tun reagiert. Darunter ist bewusstes, kopfgesteuertes NICHT-Handeln zu verstehen. Man tut also extra nichts, obwohl die innere Natur und das Gefühl längst zum Handeln und Tun animieren. Es äußert sich in Demotivation, Langeweile, Stress und Stagnation.

Gibt es den Faulpelz noch?

Dieser Typus entsteht meist in einer Gegenreaktion aus einem Zuviel-Macher, einem Nicht-Spürer, oder aus einem Zuviel-Denker. Aus Protest gegen das Zuviel-des-Guten kann solch eine Reaktion schon passieren, jedoch hat man es damit wirklich schwer. In unserer leistungsorientierten Gesellschaft hat der Faulpelz, dieser Typus des Zuviel-NICHTS-Tuers, kaum einen Platz. Sollte man sich dennoch angesprochen fühlen, dann braucht man Rezepte, um in die Gänge zu kommen, und muss herauszufinden, was einem Spaß macht, und darin einen Lebenssinn finden, indem wir uns spüren und in uns hin-einhorchen. Wir Menschen sind für die Bewegung und das Handeln gemacht, aber weder für Stillstand noch für maschinelles Ausführen von Tätigkeiten. Irgendwann nimmt dieser Typus dann den Impuls von selbst wahr, jetzt gilt es zu handeln. Je mehr er gelernt hat, sich mit allen Sinnen wahrzunehmen und sich besser zu spüren, desto schneller kommt er in die Gänge und führt stimmige zielorientierte Handlungen aus.

Jenseits von Tun und Nicht-Tun

Letztendlich und vor allem in diesem Kapitel geht es um die Auflösung der Gegensätze von zu viel Tun und zu viel Nicht-Tun. **Das Ziel ist das Tun aus dem Nicht-Tun, aus der erhöhten Präsenz.** Das Handeln aus dem Flow-Zustand, dem Zustand der Leichtigkeit, dem Fließen, dem Alpha-Zustand. Dann ist egal, ob wir ruhen oder handeln, beides strengt kaum an. Wir müssen also begreifen, wie wir aus den Extremmustern des Zuviel-Denkens und Zuviel-Handelns aussteigen. Es gilt aber auch, andere Extremmuster zu erkennen und abzulegen.

Mit den Übungen in diesem Buch kommst du dem einige Schritte näher. Laotse nannte diesen Seinszustand das Wuwei, das Tun aus dem Nicht-Tun. Wahrer Erfolg und Leichtigkeit führen über diesen Zustand. Der lässt sich trainieren. Du musst einige deiner Hauptsabotagemuster ändern, die dich von erhöhter Präsenz abhalten. Das kann das viele Denken betreffen, das Übertun, den Perfektionismus, das Helfersyndrom und den Leistungsdruck, die Angst vor dem Versagen, das Nicht-Nein-sagen-Können und viele andere Muster. Die Liste der nicht dienlichen Handlungsmuster und Alltagsgewohnheiten lässt sich lange fortsetzen. Im Leichtigkeitstraining machen wir uns genau diese Muster bewusst und ersetzen sie aktiv durch andere.

Allein die Bewusstheit, etwas zu wissen, es zu lesen, reicht nicht aus, um ein leichteres Leben zu führen, denn die eingefahrenen konditionierten Gewohnheiten und Verhaltensmuster, geprägt durch das Umfeld, sind sehr hartnäckig und resistent. Wenn wir sie ändern wollen, müssen wir aktiv etwas dazu tun. Also übe, wann immer du Lust hast! Du musst dein Muster wahrlich erleben, spüren, indem du es bewusst ausführst und dann im Anschluss daran dir selbst Alternativmuster anbietest und diese ebenso praktisch erfährst, um dein Verhalten dauerhaft zu ändern. Das Leichtigkeitstraining hilft dir, dein Wissen, dein Bewusstsein und deine Kenntnis der Ursachen für dein Verhalten direkt mit dem Körper anzuwenden, umzusetzen und einzuüben. Beginne mit den Übungen aus diesem Buch.

Wie gelingt das Tun aus dem Nicht-Tun?

Erstens findest und erfindest du das Spiel neu! Beginne wieder zu spielen, und lerne von Kindern. Betrachte deinen Alltag und deine Arbeit als ein Spiel. Was kannst du spielerisch in dein Leben einbringen? Kinder, die spielen, handeln immer aus dem Nicht-Tun. Und sie sind dabei erfolgreich. Sie lernen immens viel, sie lachen fünfhundertmal täglich und sind um Quantensprünge entspannter. Gesünder sind sie meist obendrein. Wir haben verlernt, von Kindern zu lernen. Also tu es!

Zweitens lernst du, stärker mit allen Sinnen gleichzeitig und hintereinander wahrzunehmen. Das lernst du nach und nach besser durch all die Übungen in diesem Buch. Spüre dich täglich häufiger. Dient mir diese Aktion gerade, bringt das Tun mich meinem Ziel näher? Überprüfe ständig dein Tun mit all deinen Sinnen. Höre auf deine innere Stimme. Das Denken tritt mehr und mehr in den Hintergrund, bis es scheinbar nicht mehr wahrnehmbar ist. Dadurch wird dein Tun stimmiger, fließender und nähert sich mehr und mehr dem Tun aus dem Nicht-Tun an. Das Tun hört auf, und schließlich befindest du dich im SEIN.

Im Nicht-Tun bzw. SEIN tust du natürlich schon etwas, wie bereits erörtert. Aber es sind sinnvolle Sachen, effektive Handlungen, die wirklich Ergebnisse bringen: Du handelst entspannter, verspielter, also mit mehr Freude, du brauchst dich weniger anzustrengen, du lernst ständig dazu, optimierst deine Haltung und deinen inneren Zustand, wirst authentischer und kommst deinem Erfolg nahe. Das Leben mit Leichtigkeit macht Spaß!

Hier noch ein praktisches Beispiel aus dem Alltagshandeln. Ich habe früher meine Zeit in Freizeit und Arbeitszeit eingeteilt. Während jeder dieser zwei unterschiedlichen Arten, zu tun und zu sein, fühlte ich mich anders. In der Freizeit strengte ich mich an, mich zu entspannen, während der Arbeit wurde ich wieder verspannt, übermüdet, schlecht gelaunt. Dann versuchte ich wie in einer Gegenreaktion, in der Freizeit wieder abzuschalten und mich gut zu fühlen. Das war eine Endlosschleife. Als ich selbstständig wurde, änderte es sich ein wenig, weil ich freie Zeiteinteilung hatte. Aber die polare Sichtweise behielt ich bei, ich führte sogar noch eine dritte Art ein, die »Urlaubszeit«. In ihr vermied ich es strikt zu arbeiten, damit ich mich erholen konnte. Das funktionierte dann langsam wirklich. Ich war echt erholt und konnte im Urlaub gut abschalten vom Alltag und von der Arbeit. Das Problem an der Sache war das Zurückkommen in die Arbeit. Denn als Selbstständiger, für den niemand die Arbeit erledigt, während er Urlaub macht, hatte ich Stress, alles aufzuholen, was liegen geblieben war. So musste ich also bald wieder in Urlaub fahren, weil mich das Aufholen überanstrengt hatte. Auch das wurde zur Schleife.

Ich bin dann draufgekommen, dass das nur Konzepte sind, die uns die Gesellschaft vorzugeben scheint: In der Arbeitszeit muss man sich anstrengen, im Urlaub darf man nicht arbeiten, und in der Freizeit muss man sich krampfhaft erholen. Ich änderte meine Sichtweise und begann, in der Arbeit, wenn es sich danach anfühlte, eine »Freizeitpause« einzulegen, in der ich bummelte, joggen ging, irgendeine andere Freizeittätigkeit erledigte oder den Haushalt machte. Und schon bekam die Arbeitszeit eine ganz andere Note und Stimmung. Wenn ich in der »Urlaubszeit« war, erlaubte ich mir auch zu arbeiten. Ich tat es dann, wenn ich Lust hatte. Und ebenso hörte ich während der Arbeit auf, wenn es nicht mehr ging und ich keine Lust mehr hatte. So verschwand diese Einteilung in unterschiedliche Zeiten. Die Freizeit schaffte ich als Terminus überhaupt ab. Stattdessen wurden das Arbeiten und die Freizeit eine Art wirklicher Urlaub. Das Leben wurde dadurch um einiges balancierter. Ich war nie mehr so angestrengt, übermüdet und überarbeitet, dass ich lange Auszeiten brauchte, Urlaube, in denen mein Arbeitspensum zu Hause wuchs und wuchs, um mich danach wieder zu stressen.

Wir leben viel zu extrem. Wir wollen alles in diesem Leben haben. Wir nehmen uns viel zu viel vor und setzen kaum Prioritäten. Und wir wollen alles exakt unterscheiden und begrenzen, anstatt zu verbinden und zu weiten. Urlaub und Arbeit sind oft wie alles und nichts. Dabei können wir harmonischer leben und einen Mittelweg gehen zwischen übermäßig arbeiten und dann wieder gar nichts tun. Wenn wir auch lernen, mehr auf uns zu hören, uns in uns hineinzufühlen, dann können wir viele dieser Ansprüche und Konzepte (Urlaub–Arbeitszeit–Freizeit) loslassen. Leichtigkeit und letztendlich Erfolg führen über das Auflösen der Pole, Extreme und Grenzen, das Miteinanderverbinden und Erweitern sowie das Fokussieren auf das Wesentliche. Erfolg durch richtiges Tun aus dem Nicht-Tun, aus Entspannung, Balance und Freude!

ÜBUNG 7.1 – BEWUSST AUS DER FERNE NICHTS TUN

Finde heraus, welcher Typ du bist. Bist du der Macher mit einer bestimmten Grundaggression und tust die ganze Zeit? Es nimmt nie ein Ende, du glaubst, es ginge nur mit dir und es gäbe IMMER etwas zu tun? Dann lass es einfach mal!

Achte zum Beispiel einmal darauf, wenn du E-Mails eine Woche nicht beantwortest oder auch länger, wie viele von diesen gar nicht mehr beantwortet werden müssen. Die Inhalte und Handlungsanweisungen erledigen sich von selbst. Vergiss mal die lange To-do-Liste und wirf sie weg. Mache deine Arbeit nur intuitiv beziehungsweise mache das, was dir einfällt. Und garantiert fällt dir das Wichtigste ein. Solltest du etwas versäumen, rechne mal nach, es sind maximal ein paar Prozent. Aber wenn du alles Aufgeschriebene erledigst, tust du das Doppelte.

Lege dich in die Hängematte, in die Sauna oder starre aus einer Waldlichtung über die Heidelbeersträucher und höre dem Vogelgezwitscher zu. Achte darauf, was für eine Entspannung in deine Augen tritt, während du »den Blick in die Ferne schweifen lässt«, und was dir besonders Intelligentes einfällt, wenn du einfach durch die Gegend bummelst.

Nimm dir bewusst einen Tag im Monat gar nichts vor, reserviere diesen Tag nur für dich selbst! Achte einmal darauf, wonach dir gerade ist, was dein Körper will, was dir gerade einfällt, wen du schon lange nicht mehr angerufen hast, was du schon immer mal machen wolltest, aber bisher DAFÜR NIE ZEIT HATTEST!

Ab jetzt hast du Zeit!

ÜBUNG 7.2 – TUN KÖNNEN WENN ES NICHT GEHT

Bist du ein ZUVIEL-Denker, dann handelst du und arbeitest einfach einmal die To-do-Liste ab. Anstatt zu überlegen, ob dies jetzt gerade Spaß macht oder notwendig ist, tust du es einfach. Jedes Mal, wenn du Pausen vom Tun machst und wieder zu denken beginnst, startest du das Programm »negative Gedanken entsorgen« mit der Übung 3, »Überwindung der Schwere im Widerstand« (siehe Schritt 3, »Widerstand ist zwecklos«), oder wechselst den Wahrnehmungskanal (siehe »Akutrezept gegen den inneren Schweinehund« bei Schritt 6, »Wenn nichts geht, dann geh!«). Also höre zum Beispiel Musik, mache Bewegung oder spüre deinen Körper, um vom Kopf/Denken ins Tun/Spüren oder in die Bewegung zu kommen. Während sich das Gedankenkarussell dreht, reicht auch oft nur ein Platzwechsel. Du stehst auf und setzt dich woanders hin. Oder du hörst mit einem Gedankengang auf und denkst bewusst an etwas anderes. Denke an das Tun!

AUSSITZEN ODER GEHEN?

Der Schüler ging zum Meister und fragte ihn: »Wie kann ich mich von dem, was mich an die Vergangenheit heftet, lösen?«

Da stand der Meister auf und umklammerte einen Baum und jammerte: »Was kann ich tun, damit dieser Baum mich loslässt?«

– AUS DEM ZEN-BUDDHISMUS –

Mehr Leichtigkeit im Vertrauen an das Unbekannte

Wie oft glauben wir, an einer Situation festhalten zu müssen, mit dem Gedanken: »Ja, es war schon immer so, es wird sich nichts ändern. Das gehört doch so. Es passt schon.« Aber der Schein trügt. Mehr noch, es existiert gar kein Bild von einer Möglichkeit in uns, dass es besser werden könnte. Trotzdem fällt es uns schwer, die IST-Situation zu akzeptieren.

»It always gets better«, sagte der erfahrene Trainer Paul Lowe, um der Trägheit und Verzagtheit ein Ende zu setzen. Er meinte damit, wenn wir uns trauen, Veränderungen herbeizuführen, indem wir loslassen und eine eingefrorene anstrengende Situation verlassen, stellt sich oft unvermutet große Besserung ein. Gemäß dem Motto »love it, leave it or change it« entscheiden wir uns für »leave«. Wir verlassen die Situation, wodurch diese sich von selbst verändert, ohne dass wir eingreifen, ohne »change«. Das ist der etwas andere Wandel, der sanfte Weg des Loslassens, »leave« statt des krampfhaften schweren Veränderns einer oft unveränderbaren Momentansituation. Denn das Loslassen beim »change« fällt in Wahrheit sehr oft viel schwieriger aus! Eine Situation oder gar einen anderen Menschen zu ändern ist sehr aufwendig. Wann ist also Loslassen durch »change« und wann durch »leave« angesagt? Aussitzen oder gehen?

Der Gang ohne Flucht – harmonisches Gehen

Stimmiges Loslassen durch Verlassen einer Situation im Spannungsfeld zwischen Stagnieren und Davonrennen – die harmonische Seite des Gehens.

Die Frage bleibt: Wann ist die Zeit reif, wann der richtige Moment, wann ist es stimmig und eben kein Davonrennen? Was uns meist von einer Verhaltensänderung abhält, ist die Unsicherheit. Wie sollte es aber ein sicheres Bild von einer unbekannten Zukunft geben, die wir nicht kennen, nicht erlebt haben? Die Devise heißt also: Ausprobieren und erleben! Das geht nur über intuitives Ausloten des richtigen Zeitpunktes.

Leider tun wir oft das Gegenteil, wir verharren: Wir halten aus Angst an starren Mustern, Traditionen, eingefahrenen Beziehungen fest, statt aufzugeben, den Sprung ins kalte Wasser zu wagen und mit allen möglichen Emotionen in Kontakt zu kommen. Durch das Verlassen der Situation jedoch könnten wir vielleicht sogar zusätzlich mit der Freude Bekanntschaft schließen! Im Prinzip die gleiche Körperreaktion, nur mit einer exakten Gegenpolung: Angst heißt NEIN zu einer Situation, »Aufregung« bedeutet, JA zu einer

Situation zu sagen. Weite statt Enge, in letzterem Fall kann sich die Emotion durch das bekannte Prickeln, Lampenfieber ausbreiten. Ich entscheide mich in diesem Fall für das Ja der Aufregung und das Ja zu mir, anstatt nur allein gegen die Situation zu sein. Das erhöht die Freiheitsgrade! Im ersten Fall der Angststarre aber sage ich Nein zur Situation, aber außerdem noch Nein zu mir, indem ich verharre.

Im anderen Fall des zu schnellen und zu voreiligen Abgehens (»leave«) führt dieses Verhalten zum Flüchten, im schlechtesten Fall zu Enge, Stagnation, Angststarre, und es führt zum Verharren. Das JA zur Situation wandelt die Emotionalreaktion ins Positive, Freude entsteht. Emotionen erfordern grundsätzlich Bewegung. Sie werden zu oft unterdrückt, gespeichert und setzen sich in Stresshormonen und entsprechend schlechter Laune im Körper fest. Diese äußert sich auch durch Langeweile, das Gehen jedoch bedeutet prickelnde Bewegung im Leben. Das ist das Gehen aus der goldenen Mitte, das harmonische Loslassen einer Situation.

Wir müssen lernen, uns in praktischen Situationen durch Ausprobieren dieser goldenen Mitte, dem Gehen ohne Flucht, anzunähern. Versuch und etwaiger Irrtum werden immer hierbei auftreten, dies ist das Lebensprinzip an sich, denn wir kennen die Antworten nicht im Vorhinein. Es ist eine aktive Ermutigung zum Ausprobieren und dazu, in sich selbst hineinzuhorchen und hineinzuspüren. Nur du selbst kennst die Antwort. Dazu brauchst du auch Vertrauen in die eigene innere Stimme. Wenn wir ausprobiert und die Lektionen gelernt haben, kennen wir die Antworten und haben in der goldenen Mitte die Wahl, uns zu unseren Gunsten zu entscheiden. Wir wissen, wann es Zeit ist, zu gehen oder zu bleiben. Wir wissen es intuitiv, wenn wir auf unseren Bauch, unser Herz hören, oder wir probieren es so lange aus, bis wir diese goldene Mitte erkannt haben. Hauptsache ist, wir tun es bewusst.

Der Sprung ins »leave«

Die Leichtigkeit im Süden

Als 1996 meine Diplomarbeit anstand, hätte ich sie in jedem Institut in Graz machen können, bei jedem Professor. So wie die meisten anderen auch. Das schien mir zu langweilig, wie ein Festhalten an der Situation im Sinne von: »So war es immer schon. Hierbleiben ist leichter.« Aber ich wollte es prickelnder, vielleicht schwerer, mit einem Ja zur möglicherweise aufkommenden Schwere einer unbekannten neuen Situation. Es war mir zu wenig, in Graz zu bleiben. Also entschied ich mich, den Sprung ins kalte Wasser zu wagen. Statt festzuhalten an dem Alten, wagte ich den Schritt ins Neue. Mit anderen Worten, ich hatte einfach Lust dazu.

Die Idee war, gleichzeitig meine Diplomarbeit im Labor zu erarbeiten und nebenbei eine Fremdsprache zu erlernen und in eine mir fremde Kultur einzutauchen. Ich ging nach Nordspanien.

Zusatzherausforderung war, die Arbeit in Spanien auf Englisch zu schreiben. Muss man etwas Schwere und Schwierigkeiten in Kauf nehmen, um Leichtigkeit zu erleben? Ja, wahrscheinlich schon. Es ist immer Ansichtssache, wie viel wir uns in diesem Leben vornehmen. Wenn die Herausforderung zu groß ist, wird es jedenfalls sehr anstrengend, weil man von der Stretchzone, in der das Lernmaximum herrscht, in die Panikzone gelangt, in der Lernen unmöglich wird, weil man zumacht.

Probiere mal etwas anderes! Statt festzuhalten, loszulassen und den Sprung ins Neue zu wagen!

Bei aller kleinen Schwere dient der Sprung ins Neue dem Wachstum und macht sich zehnfach bezahlt. Voraussetzung ist allerdings, dass man NICHT einen Widerstand aufbaut gegen die Schwierigkeiten des Neuen, die Herausforderungen einer komplexen Situation. Gott sei Dank ist dieses Naturgesetz – siehe Schritt 3, »Widerstand ist zwecklos« – sehr wirksam, wenn man lernt, diesen Widerstand aufzugeben. Mit etwas Übung gelingt es sehr gut. Man lässt den anfänglich sehr starken Widerstand gegen die eigene Angst fallen und nimmt 3 Prozent Horrorschwere in Kauf. Nach einiger Wiederholung ist dann keine starke Angst mehr vorhanden, weder Widerstand noch Schwere, und man erntet hierfür 97 Prozent Leichtigkeit und Freude.

Die Anstrengung und der Sprung ins kalte Wasser lohnen sich. Unwirksam ist dieses Mittel nur, wenn Herausforderung oder Angst so sehr überwiegen, dass man in die Angststarre oder Panikzone gerät, wo das Lernen nicht mehr möglich ist. Wie immer kommt es auf die richtige Dosis an. Und es gilt, die Angstschwelle zu überwinden. Dann bleibt pure Lebensfreude.

Nach einiger Zeit war es richtig großartig in Spanien mit allen gemeisterten Herausforderungen. So hatte ich es mir vorgestellt: Ich zog »mein Ding« durch, als ich mit meinem Gefühl und Herzen im Reinen war.

Anstatt in Österreich die Situation auszusitzen und in Langeweile festzukleben, hatte ich mich also entschlossen zu gehen.

Denke mal daran, wie oft du deinem Leben immer noch etwas tust, was du schon längst nicht mehr willst. Wie lange bleiben wir in unglücklichen Beziehungen, weil wir uns nicht trennen können, machen faule Kompromisse am Arbeitsplatz? Wie oft halten wir uns in der Schwere, im Hamsterrad? Aber Vorsicht wiederum vor »zu früher Flucht«.

Aussitzen – die harmonische Seite des Verharrens

Den Dingen ihren Lauf lassen – stimmiges Bleiben im Spannungsfeld zwischen Stagnieren und Davonrennen.

Manchmal ist genau das Gegenteil des zuvor Beschriebenen angesagt. Nicht, dass du glaubst, als Patentrezept gelte immer das »Gehen«. Eine differenzierte Sicht ist hier nötig. Lass uns die goldene Mitte ins Spiel bringen, denn wie immer hat die Medaille zwei Seiten. Davonzurennen, wenn eine Situation etwas unangenehm wird, entspricht dem Extrem des Gehens, der Flucht. Zu stagnieren dem anderen Extrem des »Bleibens«.

Wann wird aber das Aussitzen stimmig und bedeutet keine Stagnation? Das »love« einer Situation, harmonisches Bleiben, im Gegensatz zum harmonischen »leave«, dem Gehen ohne Flucht?

Ich empfehle, so zu verfahren: Bleiben wir noch etwas in der unangenehmen Situation, spüren wir, was emotional abläuft, lernen und wachsen wir daran, hören wir dabei immer auf die innere Stimme und das Bauchgefühl. Also, bevor ich aus Angst oder Frustration einfach davonlaufe, bleibe ich und horche und versuche zunächst, die Situation mit allen Sinnen ganz zu erfassen. Dieses bewusste Wahrnehmen wird dann, wenn die Zeit reif ist, wenn es harmonisch ist, rechtzeitig die Wende herbeirufen und den harmonischen Abgang ermöglichen! Aber zuvor bewegen wir uns im stimmigen Mittelfeld, in der goldenen Mitte des Aussitzens. Wir haben die zu lernende Lektion erfasst und erledigt. Wenn wir allerdings beim Aussitzen in den inneren Widerstand gehen und gegen die Situation halten, macht sich die bekannte Schwere breit. In diesem Fall gilt es, an der Einstellung zu arbeiten, den Widerstand aufzugeben, wahrhaftig die Situation mit allen Sinnen wahrzunehmen (siehe auch Übung 3, »Überwindung der Schwere im Widerstand«).

Es gilt, das Maß und den geeigneten Zeitpunkt zwischen Aussitzen und Gehen zu erkennen. Wenn es so richtig unangenehm ist, dann bleibe ich immer noch ein wenig, um möglichst viel durch das Spüren und Erfahren der Situation zu lernen. Und wenn der Ruf des Herzens kommt, dann sollen wir zum Absprung bereit sein. Warum lernen wir so viel in emotional unangenehmen Situationen, wenn wir sie bewusst erleben? Weil das Gehirn in einem bewussten Mentalzustand grundsätzlich lernt, und besonders, wenn die Herausforderung groß genug ist, auch wenn wir es nicht glauben wollen.

Das Gehirn ist auf Erleichterung und positive Emotion ausgerichtet, wenn wir ihm diese Lernphase gönnen, uns Zeit nehmen und die Situation bewusst und achtsam mit allen Sinnen durchleben. Es koppelt dann die negative Emotionalreaktion von den äußeren Umständen ab, den Gründen, die also von uns negativ bewertet werden und die Reaktion auslösen. Übrig bleiben dann der Umstand, der Auslöser, die Situation. Aber die negative Emotionalreaktion findet nicht mehr statt. Ich gebe ein Beispiel: Wenn ich mehrmals mit dem Auto im Stau stecke und mich darüber ärgere und diesen Ärger bewusst erlebe, wird er zusehends weniger, bis er ganz unterbleibt.

Übrig bleibt nur der Fakt Stau, er löst aber keine negative Emotionalreaktion mehr aus. Hat man das Schlimmste in einer Situation schon erfahren, wird sie beim nächsten Mal oft schon als Gewohnheit und gar nicht mehr als schlimm gesehen. Je bewusster die Emotion wahrgenommen wird, desto schneller vollzieht sich der Lernprozess beim Festkleben in unangenehmen Situationen, beim Aussitzen. Der Flüchtende rennt hingegen vor dem Unangenehmen davon. Er macht die Lernerfahrung des Aussitzens nicht. Es geht auch um die Freiheit und die emotional freie Wahrnehmung, die erst die klare und damit richtige, stimmige intuitive Entscheidung für Bleiben oder Gehen ermöglicht. In der Hektik, Anspannung, Unbewusstheit und Automation, die im Alltag oft vorkommt, kann diese stimmige Entscheidung nicht wahrgenommen werden, es bleibt nur eine reaktive Handlung, eine Reaktion basierend auf unserer Gewohnheit und Konditionierung.

Dazu eine Anekdote von dem grandiosen, aber auch gefürchteten russischen Lehrer Gurdjieff: In seinem Seminar war einst ein wirklich unangenehmer Zeitgenosse, den die ganze Gruppe mobbte. Es störte diesen aber kaum, dass er so ausgeschlossen war. Die Teilnehmer gingen mehrmals zu Gurdjieff mit der Bitte, er möge den Kandidaten heimschicken. Gurdjieff verneinte. Nach einiger Zeit wurde es dem Unruhestifter zu viel, er sagte zum Meister: »Ich habe genug. Die Leute sind so ungut zu mir. Ich gehe.« Gurdjieff antwortete prägnant: »Ich bezahle dich, damit du hierbleibst!« Damit meinte er, genau dieser schwierige Teilnehmer sei die beste und größte Lektion für die ganze Gruppe. Die Teilnehmer hätten die Chance, zu lernen und auszusitzen. Sich der Begegnung nicht zu stellen, hieße, die Flucht zu ergreifen.

Das »Prinzip des Aussitzens« hilft hierbei, Leichtigkeit zu steigern. In der Folge werden solche unangenehm herausfordernden Situationen nämlich nicht mehr als extrem unangenehm empfunden. Dann genießt man diese Freiheit, zu »gehen« oder zu »bleiben«. Man befindet sich jeweils in der harmonischen Mitte, weder im Extrem der Flucht noch im Extrem des Stagnierens. Beides ist leicht und möglich. Leichtigkeit bleibt. Trägheit kann lähmen, zu frühe Flucht kann die Entwicklung hemmen.

Das »Übertun« vermeiden

Aussitzen, Aushalten, bewusstes Erleben der unangenehmen Situation kann in manchen Situationen auch helfen, nicht ins Zuviel-Machen zu geraten, sondern Situationen geschehen zu lassen und in weiterer Folge loszulassen (siehe auch Schritt 7, »Erfolg durch Nichtstun – im Nicht-Tun«).

Die Gretchenfrage: Aussitzen oder Gehen?

Wenn wir also die Situation genau und bewusst erleben und etwas länger aussitzen, haben wir die Möglichkeit, die Gretchenfrage nach Verharren oder Flüchten emotional frei zu beantworten. Die Entscheidung ist emotional NICHT getrübt oder verzerrt, weil wir wieder entspannt und gelassen sind und die Situation wahrhaftig durchlebt haben.

Das Gefühl, die Zeit und die innere Stimme entscheiden

Die innere Stimme macht sich oft erst später sonnenklar bemerkbar und signalisiert den richtigen Zeitpunkt für »leave«, loslassen und gehen. Oder es stellt sich sogar heraus, dass es gut war, die Situation auszusitzen, und dass es nun passt zu bleiben. »You love it really now.« Wenn die innere Stimme jedoch schreit »Go!«, dann ist es Zeit zu gehen, den Sprung ins kalte Wasser zu wagen, wie am Anfang beschrieben. Die innere Stimme hilft uns, eine Änderung der Situation einzuläuten. »Leave it« anstatt »love it«.

Die dritte Möglichkeit – durch Eingreifen die Situation verändern

Als dritte Möglichkeit innerhalb des »love-leave-change«-Konzeptes bleibt »change«. Das ist bekanntlich das Schwierigste, das wir tun können. Vor allem eine andere Person zu ändern, wenn diese keine Bereitschaft dazu hat, ist unmöglich. Und organisatorische Strukturen zu ändern, ist sehr aufwendig. Deshalb ist meist die goldene Entscheidung eher das »leave« oder »love«.

Wo, wie und mit wem will ich aussitzen und lernen oder nicht – mehr Freiheit, als wir glauben

Grundsätzlich können wir wählen, ob wir gewisse unangenehme Erfahrungen zum Lernen in diesem oder auch in einem etwas besseren Umfeld machen wollen. Beispiel: Was wählst du eher? Die Arbeit mit einem unguten Chef in einem schönen Büro mit netten Kollegen oder aber in einem hässlichen Umfeld mit unfreundlichen Kollegen? Die negative Emotionalreaktion hervorgerufen durch den unguten Chef bewusst zu erleben, daran zu wachsen und zu lernen, das ähnelt sich in beiden Feldern. Es könnte argumentiert werden, das Lernen sei ja höher, je schwieriger sich das Umfeld gestalte. Das stimmt prinzipiell, aber gehen wir einmal davon aus, dass du die Lektionen durch unfreundliche Kollegen schon gelernt hast. Dann fehlt die Notwendigkeit, in einem negativen Umfeld zu lernen. Und außerdem bestimmst immer du, wie viel und aus welchen Situationen heraus du wachsen und lernen willst. Das Umfeld entscheidet jedenfalls mit, auch das Büro. Wir haben mehr Freiheit, als wir denken.

Noch mehr Freiheit – JA oder NEIN zum Lernen

Wir können selbst entscheiden, wie wir die Erfahrungen, Entwicklungen machen wollen, schneller oder langsamer, mit Angst oder mit Aufregung, mit Lernen oder ohne zu lernen, im Widerstand oder im Fließenlassen. Das kurzfristige oder besonders langfristige Resultat ergibt: viel mehr oder eben weniger Leichtigkeit und Freude.

Learn loving yourself and the other, stay a bit longer and change your emotion, and then leave the other and stay somewhere else and be happy. ☺

ÜBUNG 8 – DEN RICHTIGEN ZEITPUNKT ZUM BLEIBEN ODER GEHEN FINDEN

Verharre einige Zeit länger als normalerweise in einer extrem unangenehmen Situation und spüre mit allen Sinnen, was in dir vor sich geht.

Tu etwas komplett Neues, Verrücktes, etwas, das du noch nie getan hast. Verlasse eine Situation einmal abrupt, verlasse zum Beispiel einen entstehenden Konflikt, eine Meinungsverschiedenheit, bei der keine Aussicht auf Konsens besteht, bevor du zu streiten beginnst.

Lote die Grenzen zwischen davonrennen und zu lange bleiben aus! Tu das bewusst!

MACH DEIN DING

Mögen täten wir schon wollen, aber dürfen haben wir uns nicht getraut.

– KARL VALENTIN –

Trenne dich von deinem Guru, deinen Lehrern, Eltern, Pfarrern, Meistern, Freunden und allen, die dir etwas einreden wollen, vertraue auf DICH, deinen Weg, das Herz, die Intuition, dein Gefühl, und lebe danach! Lasse dich nicht abbringen oder beeinflussen von all den Stimmen, die dich beeinflussen wollen.

Als ich meinen Freund Tim vor einigen Jahren traf, erzählte ich ihm, dass ich mich von ihm getrennt hätte. »Was meinst du?«, fragte er. Ich sagte ihm, dass ich ihn jahrelang sehr verehrt und ihm vieles vor lauter Bewunderung einfach so geglaubt hatte, dass ich ihm (zu sehr) gefolgt war. Ich hatte versucht, ihn zu kopieren. Aber das war unmöglich, denn ich war nicht er. Aber ich merkte auch: Ich muss »mein Ding machen« und nichts anderes. Das war eine wichtige und befreiende Erkenntnis.

Richtig gemeint – das Gegenteil von richtig

Erinnerst du dich an den Turnunterricht, an Gymnastik oder auch Yoga? Der Lehrer sagte dir, wie es »richtig« sei. Wie man die Übung genau ausführen solle, dann erst nütze sie einem etwas, man verletze sich nicht und tue nichts Falsches für sich. Was passiert aber bei solch einer Richtig-falsch-Vorgabe? Man begibt sich automatisch in die Minderwertigkeitsrolle, gibt Verantwortung für sich ab, indem man nicht selbst herausfindet, wie die Übung für einen am besten passt. Dadurch versäumt man auch die Lektion, beim Nachspüren und Lernen selbst zu optimieren.

Ähnlich ist es beim Arzt. Anstatt genau auf sich zu hören und den eigenen Körper zu spüren, geben wir auch hier Verantwortung ab und vertrauen jemandem, der uns vielleicht nicht gut genug kennt. Es ist nicht leicht, sich selbst gut zu kennen, und manchmal hilft es, wenn uns jemand anderer Vorgaben macht, die vermeintlich gut für uns sind. Aber die letzte Weisheit ist es keinesfalls.

Also höre deinem Therapeuten, deinem Arzt und dem Bewegungstrainer mit dem Herzen zu. Spüre in dich hinein, ob die Worte und Vorschläge sinnvoll und für dich stimmig sind. Nimm die Angebote an, aber dann ändere sie nach den Bedürfnissen deines Körpers ab. Probiere die beschriebenen Übungen aus, und finde heraus, wie es dir damit geht. Glaube alles erst, wenn es sich in dir stimmig anfühlt! Dann wirst du frei. Niemand wird dich jemals so gut kennen können wie du selbst. Also lerne deine innere Natur exakt kennen! Das erfordert wieder Selbsterfahrung, Intuitionstraining und Reflexion. Begib dich auf die Reise zur inneren Natur und zu den eigenen Mustern, um diese zu durchbrechen.

Es gibt nur einen Weg zu deinem Ziel

Geh zielsicher deinen Weg, denn es gibt nur einen Weg: deinen! Aber Hand aufs Herz: Weißt du immer genau, welcher dein Weg ist? Bist du sicher, was dein Ding ist? Ich habe mich das oft selbst gefragt und ehrlich gesagt wusste ich früher nicht so genau, welchen Weg ich gehen sollte und welcher gut für mich war.

Manchmal blieb ich zu lange im Nichtentscheiden und in der Stagnation. Häufig kam ich erst hinterher darauf: »Oje, das war die falsche Handlung oder Richtung.« Ja, sicher, das Leben ist Versuch und Irrtum. Aber wie lange dauert der Irrweg, die Reise des Odysseus? Wäre es nicht hilfreicher, es früher zu wissen, eine Intuition zu entwickeln, die es leichter macht, den richtigen Zeitpunkt für Entscheidungen zu erkennen?

Wie also finden wir heraus, was der stimmige Weg ist, die beste Handlung? Drei Faktoren sind hierfür entscheidend:

1. auf die Bauchstimme hören, Herz und Gefühl

2. authentisch bleiben und herausfinden, was Kopf, Bauch und Emotion gemeinsam zu sagen haben

3. gesunder Egoismus und Durchsetzungskraft

Auf die innere Stimme hören oder abstürzen

Ich glaube, die größte Lektion für mich war der Sturz in eine Gletscherspalte. Davor hatte ich in mir eine Stimme gehört, die förmlich schrie: »Du musst jetzt zur Hütte hinunterfahren.« Klarer hätte die Botschaft nicht sein können. Ich hörte nicht auf meine Bauchstimme. Die Folge: Ich landete dreißig Meter tief in einer Gletscherspalte und habe es Gott sei Dank überlebt.

Davor hatte ich die meiste Zeit meines Lebens entschieden und getan, »was man halt so macht«. Was andere von mir erwarteten, was der Gesellschaft passte und vor allem, was der Kopf mir so vorgaukelte. Was eben logisch in das Schema passte. Es waren teilweise schwierige Zeiten, ich fühlte mich oft schwer und unglücklich. Natürlich machte ich Erfahrungen, aber eben auch wiederholt die gleichen, ohne aus der Lektion zu lernen.

Hätte ich besser auf meine innere Stimme gehört oder zugehört und verstanden, dass ich mich gerade im Kreis drehe und den gleichen Fehler nochmals mache, hätte ich die Lektion schneller erfasst. Das stimmigere Resultat, also mehr Leichtigkeit, hätte ich schneller und früher haben können. Warum lernen wir oft so langsam oder warum verstehen wir die Lektion nicht schneller?

Ganz einfach, weil wir nicht hinschauen wollen. Nicht hinhören. Es lohnt sich jedoch, in den Spiegel zu schauen und sich selbst zu sehen: Ist das okay, was ich mache? Dient es wirklich mir und meinem Glück? Also eben dem Lebensziel, das du hast: Glück, Wohlbefinden, Lebensfreude et cetera. Mein Lebensziel ist Leichtigkeit. Das bedeutet, sich immer auf seinen Weg ausrichten, nachprüfen, ob die Handlung im Einklang mit dem Lebensziel steht, und in die eigene Mitte zurückfinden, wo sich auch die Leichtigkeit befindet.

Hörst du auch auf deine innere Stimme und vertraust du deinem Bauchgefühl, deiner Intuition? Sagst du, was du denkst? Tust du, was du sagst? So einfach wäre Authentizität. Wissenschaftler sind sich einig, dass wir mindestens 200-mal pro Tag lügen. Der Körper lügt aber nicht. Er tut jedenfalls auch teilweise etwas Stimmiges. Durch die konträre Handlung, die willentlich ausgeführt wird, entsteht eine innere Spannung, ein Druck und dadurch auch ein schlechtes Gefühl. Je mehr wir also der Körperreaktion, der Emotion oder unserem Gefühl vertrauen, desto eher bleiben wir authentisch. Das bedeutet weniger innerliche Spannung und folglich mehr Leichtigkeit und Freiheit.

Im Einklang von Körper, Geist und Emotion

Im Kopf kann man sich so manches ausmalen oder zurechtrücken, sagen kann man schnell einmal etwas, das aber nicht passend oder stimmig für einen ist. Unser Ding machen bedeutet sozusagen, es aus dem ganzen Körper im Einklang mit Kopf, Herz (Gefühl) und Bauch zu tun. Der stimmige Weg kann nur ganzheitlich sein, werden doch über Körpersprache und Emotion 90 Prozent der Informationen übertragen. Nur rund 10 Prozent werden mit Worten ausgedrückt.

Hören wir nur auf die Worte, kann schnell ein Unsicherheitsfaktor oder Irrtum auftreten. Missverständnisse entstehen. Mit uns selbst und mit anderen. Wir müssen zusätzlich lernen, mehr auf den Körper, die Emotionen, den Klang der Stimme und das Bauchgefühl zu hören. Und uns ganzheitlicher zu spüren. Dabei ist zu beachten, dass der Verstand (Kopf) trotzdem ein hilfreiches Werkzeug bleibt, was ich nicht zu betonen brauche. Aber der Körper und die Emotionen finden in der Regel viel zu wenig Beachtung. Wir tendieren eher dazu, im Kopf zu leben, als unsere Emotionen und den Körper wahrzunehmen. Letzteres bedeutet, sich in wichtigen Situationen auch zu spüren und den Gefühlen Raum zu geben. In stressigen Situationen vergessen wir dann, darauf zu achten, oder haben keinen Zugang zu Intuition, Bauchstimme oder Emotion. Dadurch fallen alle Frühwarnsysteme für Krankheiten, Verletzungen und richtige Entscheidungen weg.

Das JA zu sich selbst

Gesunder Egoismus, nennen wir es besser: zu sich selbst stehen, JA zu sich sagen, ist eine Gratwanderung. Wir bewegen uns zwischen gesundem Egoismus und Egomanie, Egozentrik versus Fremdbestimmtheit und Konformität. Wo ist hier die goldene Mitte? Sie liegt dort, wo du ganzheitlich denkst, spürst und hörst und das Umfeld mit einbeziehst. Wo du selbstbewusst erkennst: Das ist ein Muster von mir, das mir verbietet, zu mir selbst und meiner Wahrheit zu stehen und danach zu handeln. Wo wir uns selbst kennen, wissen, was für uns gut ist, im Gegensatz zu dem, was von anderen kommt, was Eltern, Gesellschaft, Freunde und andere uns einzureden versuchen.

Dort, wo wir mit Klarheit Störfaktoren ausfiltern, aber gleichzeitig das Ganze wahrnehmen, bewegen wir uns im Einklang mit uns – das ist gesunder Egoismus. Fällt das Umfeld aus der Betrachtung weg, gehen wir in Egomanie auf. Den gesunden Egoismus, die goldene Mitte aber brauchen wir, um uns zu stärken, zu freuen und in Liebe überzufließen.

Dann und erst dann können wir anderen das geben, was sie wirklich brauchen. Aus diesem Zustand muss nicht unbedingt resultieren, dass es für den anderen immer angenehm ist. Es kann auch schnell Unklarheit entstehen, der andere einen selbst als Egomanen bezeichnen. Und wir werden unsicher, ob unsere Handlungen wirklich mit der eigenen inneren Wahrheit übereinstimmen. Es gilt, diese subjektiven Wahrnehmungen zu erkennen und selbstbewusst zu werden. So kann eine Entscheidung also für mich gut, für den anderen vermeintlich aber schlecht sein. Und trotzdem dient es dem stimmigen großen Ganzen, auf der einen Seite der eigenen Wahrheit und auf der anderen Seite dem manchmal schmerzhaften Lernprozess des anderen.

Grundsätzlich ist das Ego – und jeder Mensch hat ein Ego – so aufgebaut, dass es selbst-zentriert sein muss. Wir sehen das bei Kindern, die ihre Wünsche vehement äußern. Wenn wir ihnen alle Wünsche erfüllen würden, wäre das gar nicht dienlich, sie würden keine Grenzen kennenlernen. Und viele der Wünsche sind sicher nicht positiv für ihre Entwicklung. Es sind also scheinbare Bedürfnisse, welche die Eltern erkennen und eben NICHT erfüllen. Natürlich reagieren Kinder darauf mit Trauer und auch Geschrei. Ähnlich verhalten sich manche Erwachsene. Sie glauben es müsste ihnen jeder Wunsch erfüllt werden und die Welt sich nach ihrem Ego richten. Wenn wir entsprechend aus unserem Bauchgefühl heraus, basierend auf unserer inneren Stimme und eigenen Wahrheit, dann dem Gegenüber NEIN sagen, gibt es oft Kinderreaktionen, nur fallen sie etwas subtiler aus. Man ist beleidigt, man redet nicht mit dem anderen, manipuliert und Ähnliches. Aber dem liegt die gleiche emotionale Reaktion der Trauer zugrunde. Sie wird nur anders arti-kuliert.

Das Nein an das Ego ist also nicht immer eine Absage an die Person, sondern die Wahr-heit des einen geht eben nicht mit der Wahrheit des anderen Egos zusammen. Das gilt es zu erkennen, zu akzeptieren. Leider ist das für viele schwer. Gibt es in der Beziehung zwischen zwei Menschen zu viele Neins, zu viele unterschiedliche Wahrheiten, kann es auch sein, dass die Beziehung einfach nicht mehr angemessen ist und nicht mehr passt. In den meisten Fällen ist dem aber nicht so. Einer opfert sich mehr auf, indem er zu viel Ja zum anderen sagt und Nein zu sich selbst, und dem anderen ist auch nicht gedient, weil sein Ego über die Maßen und ungesund genährt wird in Richtung Egomanie.

Der faule Kompromiss – Untergang des eigenen Weges

In solchen Fällen scheitert es oft an unserer mangelnden Durchsetzungskraft, dass wir zu uns selbst stehen. Jedoch sind die Nachgiebigkeit und das NEIN zu einem selbst der Untergang des eigenen Weges. Der Untergang der eigenen Entfaltung, der Freiheit und Lebensfreude. Vielmehr sollten wir es von anderer Warte betrachten: Es passt eben nicht. Ein starkes Selbst, ein Mensch mit Profil, wird es nie allen recht machen können. Das Nein zum anderen ist das JA zu sich selbst. Dieses hat Vorrang. Wir tun anderen nichts Gutes, wenn wir aus einem Nein zu uns selbst heraus agieren und dem anderen ein Ja geben. Das nennt sich fauler Kompromiss.

Normalerweise bedeutet ein Kompromiss Abstriche für beide und einen Konsens, so eine Art Mittelweg. Hier liegt der Abstrich beim einen in dem Nein zu sich selbst und beim anderen, dem ein Ja zugesprochen wird, darin, dass dieses Ja nicht aus der Liebe kommt. Ein Beispiel wäre, dass man einem Kind einen Wunsch halbherzig erfüllt und als Folge dann beleidigt oder genervt auf das Kind reagiert, ohne für sich selbst und seine Emotionen Verantwortung zu übernehmen. »Damit die liebe Seele endlich Ruhe gibt, dann tu ich es halt für dich.« Selbst ist man unglücklich und weiß insgeheim, dass dies für das Kind auch nicht gut ist. Wieder ein fauler Kompromiss.

Liebe kann nur aus einem Ja zu sich selbst entstehen. Wenn wir das erkennen, ändert sich langfristig auch unser Umfeld. Die Wahrscheinlichkeit, dass unser Ja sich mit dem Ja des anderen deckt und keine Spannung entsteht, wird höher. Wir geraten mehr und mehr auf unseren Weg, geraten in Fluss, und die Leichtigkeit steigt von selbst. Das allerdings braucht Mut. Mut zum Glück.

Wenn aus dem Ja zu sich selbst Egomanie wird

Bisher habe ich Anregungen für den Nachgiebigen erläutert, den JA-Sager gegenüber dem Egomanen. Was aber sollte der Egomane (NEIN-Sager) machen, damit er aus seiner übertriebenen Überzeugung aussteigen kann, die Welt müsse sich immer nach ihm richten?

Solchen Menschen wurden oft keine Grenzen gesetzt, sodass sich ihr rücksichtsloses Verhalten manifestieren konnte. Der Nachgiebige hilft dem Egomanen am besten, indem er ihm klar und deutlich Widerstand entgegensetzt und Grenzen aufzeigt. Aus sich selbst heraus kann der Egomane nur lernen, wenn er solche Anstöße von außen bekommt, die ihn zum Nachdenken anregen, wenn er schwere und stark spürbare Situationen erlebt. Denn grundsätzlich spüren sich diese Typen weniger, haben weniger Zugang zum Bauch, Körper und Herzen und sind weniger zur Empathie fähig, um dem großen Ganzen zu dienen und Einsichten zu finden, die abseits ihres eigenen Egos sind. Ein empathischer Mensch wird selten zum Egomanen.

Jeder von uns, der sich nicht wirklich körperlich, emotional und ganzheitlich spürt, kann egozentrisch aus dem Kopf handeln und reagieren. Das muss nicht immer so sein. Aber bei jeder vehementen Meinung hilft es, in sich hineinzuhören: Stimmt das mit meinem Herzen und Bauch überein, was mein Ego will? Wie kommt das beim Gegenüber an? Spüre ich den anderen, kann ich mich einfühlen, wie es ihm bei meiner Entscheidung geht? Welche Konsequenzen hat meine Handlung für die Allgemeinheit, übernehme ich Verantwortung für mein Herz und für die Welt? So kann sich der Egomane langsam aufweichen, indem er ganzheitlicher agiert und seinen eigenen Körper und die ganze Welt mehr miteinbezieht. Für einen solchen Typus ist das oft ein langer Weg, abhängig von Schicksalsschlägen und wirklich starken Gegenspielern.

Vielleicht ist einem die Neigung zur Egomanie gar nicht so bewusst, oder man will sie sich weniger eingestehen. Man kann aber versuchen, anderen mehr Recht zu geben, Sachen einfach für andere zu machen und auszuprobieren, was dies für einen selbst dann bedeutet.

Egomanen sind meist sehr stark und gehen anderen starken Gegenspielern aus dem Weg, um wenig Widerstand zu ernten. Oder sie walzen den Widerstand einfach nieder. Sie befinden sich auch oft in autoritären Führungspositionen.

Gleichzeitig bieten diese Menschen auch das maximale Potenzial für den nachgiebigen Ja-Sager. Denn durch sie lernt er, in seine Kraft zu kommen, durch das Nein-sagen-Müssen. Tut er es nicht, wird er auch seine Lektionen bekommen. Lektionen, die wir grundsätzlich erhalten, wenn wir weder unsere Wahrheit leben noch unseren Weg gehen. Also, »mach dein Ding«, bevor es zu spät ist!

Entstanden ist dieses Kapitel in der Erinnerung an die Worte meines Vaters, der oft sagte: »Mach dein Ding.« Ich musste dann immer lachen und antwortete: »Ja sicher.« Dabei hatte er sicher gemeint: »Sei ein braver Junge und mach dein Zeug, erledige deine Arbeit zum Guten ...« Man muss es ja nicht immer wörtlich nehmen, sondern kann sich durch die Worte inspirieren lassen, etwas anderes zu machen.

Gesagt, getan: Es wurde mir erst später bewusst, wie wichtig es war, mich nicht durch die Meinungen, Anleitungen und Verbote anderer abbringen zu lassen, sondern Schritt für Schritt mit gewissen Abweichungen den eigenen stimmigen Weg zu gehen.

Die goldene Mitte zwischen Rücksichtslosigkeit und überzogener Nachgiebigkeit

Der individuelle, persönliche und stimmige Weg ist in Balance, bedeutet weder Rücksichtslosigkeit noch überzogene Nachgiebigkeit und ist dadurch auch kein Kompromiss, sondern liegt in der goldenen Mitte zwischen beiden. Die eigene Wahrheit unter Rücksicht auf die Umwelt und mit Empathie für die anderen (nicht egomanische Nein-Sager) sowie Rücksichtnahme auf sich und Empathie für sich selbst (nicht nachgiebige Ja-Sager) zu leben bedeutet gleichzeitig, die Bedürfnisse anderer zu sehen. Man lebt aus und folgt dem Herzen. Der »Weg«, so wie ihn auch Laotse nannte, liegt eben jenseits dieser Extreme. Der Weg zu sich selbst, zur Selbsterkenntnis ist manchmal steinig, manchmal einsam, manchmal für andere nicht zu verstehen, widersprüchlich und einzigartig – aber fantastisch. Und Leichtigkeit entsteht nur auf, durch und mit diesem »Weg«. Da gibt es manchmal auch kein Zusammenkommen, wenn die Wahrheiten zu unterschiedlich sind, aber so ist das Leben. Es hält nicht immer einen guten Kompromiss bereit, eine dritte Lösung und Win-win-Situation für beide oder alle Teilhabenden.

Die goldene Frage

Stelle dir folgende Fragen: Bist du online mit dir selbst? Bist du auf dem richtigen Weg, der Freude, Zufriedenheit und Wohlbefinden bringt? Dann mach endlich DEIN Ding! Wie lange wartest du, bis du es tust? Hab Mut zur Selbstverwirklichung! Mut, DEINEN Weg zu gehen!

ÜBUNG 9.1 – DEINEN WEG KLAR ERKENNEN

Setze dich an einen ruhigen, entspannenden Ort, wo du dich wohlfühlst, und halte inne. Spüre und schaue in dich hinein. Höre auf deine Stimme, was als nächster Schritt für dich angemessen ist. Wenn du keine Botschaft erhältst, dann bewege dich und nimm dich mit allen Sinnen wahr, sodass dein Inneres mehr zum Vorschein kommt. Sei ehrlich zu dir selbst. Mit einiger Übung wirst du deinen Weg in jedem Augenblick klar erkennen. Allerdings kommt es hier auf Schritt 1 und 2 an: Halte inne, STOPP, und messe dich nicht an anderen, vergleiche dich nicht, höre NICHT auf andere. Probiere, deiner eigenen Anleitung zu folgen. Traue dich ruhig, Fehler zu machen und zu erkennen: »Okay, das war eine Dummheit.« Dadurch wirst du in dir klarer. Und nur darum geht es. Löse dich von all deinen »Beratern«, »Coaches« und vorgefertigten Meinungen. Überprüfe jede Übung, wie sie speziell auf dich wirkt.

ÜBUNG 9.2 – ÜBERZEUGT VON DIR SELBST DEINE INNERE STIMME HÖREN – VERTRAUEN

Wenn du in den Spiegel schaust, sprich deine Vision laut aus und höre dir zu. Du wirst schnell erkennen, ob das stimmig ist, was du von dir sagst. Dies erleichtert das Hinschauen und Überprüfen der eigenen Wahrhaftigkeit.

....

MUT ZUR LÜCKE

If you always do what you always did – you will always get what you always got.

– BENJAMIN FRANKLIN –

Über das Finden der Zwischenräume – eine Insel der Leichtigkeit.

Was ist eigentlich zwischen allem?

Hast du dich das schon einmal gefragt? Ein Beispiel: Du sitzt im Zug und fährst von A nach B. Vermutlich packst du dann das Handy, eine Zeitung, ein Buch, den Computer oder den MP3-Player aus. Du arbeitest, redest mit den Nachbarn, hängst deinen Gedanken nach, schläfst oder schaust vielleicht aus dem Fenster. Aber was ist eigentlich, wenn du gar nichts von dem machst? Beweise Mut zur Lücke! Meist wartet der Verstand nur darauf, endlich loslegen zu können. Erkennst du diesen Impuls, dann halte inne und erlaube dir Raum. Gib dem Denken keine Aufmerksamkeit. Ich nenne diesen Bewusstseinszustand den »Zwischenraum« oder Präsenz, auch die Konstante, das, was immer da ist. Diesen Zustand könnte man auch Meditation nennen, jedenfalls ist er schwierig mit Worten zu beschreiben.

Stopp und Lücke

Gönne dir öfters fünf Minuten mit dir selbst. Höre mit allem auf. Stop it! Höre mitten im Konflikt, bei der Lösungssuche, der Problembeseitigung auf! Öffne dich für diesen Freiraum. Du wirst staunen, wie schön er sein kann. Manchmal mag es unangenehm sein, aber dann denke an »Widerstand ist zwecklos« (Schritt 3) und spüre, was gerade in dir vorgeht. Beobachte dich aus der Kameraperspektive (Schritt 4). Du siehst dich selbst und diesen Zwischenraum. Er wird sich schnell wandeln, wenn du intensiv dabeibleibst. Das ist die beste Übung zum Loslassenlernen.

Wir halten oft an Handlungen zu stark fest, und es gelingt uns nicht so leicht, diese zu unterbrechen. Wir sind zum Beispiel in eine Tätigkeit vertieft, befinden uns vielleicht sogar im Flow, übersehen dabei aber, diesen Zustand bewusst mit dem Körper zu überwachen und wahrzunehmen. Wir werden müde und überarbeiten uns, anstatt zu stoppen, einfach eine Pause einzulegen. Hineinzuhören, ist es noch angesagt weiterzumachen? Ist denn der Flowzustand nicht schon zu Ende, weil vielleicht Rückenschmerzen oder Müdigkeit auftreten? Kein Kind würde das je tun. So lernt man, Abstand zu bekommen, indem man diesen schmerzhaften Prozess der Unterbrechung ausführlich spürt und schaut, was es macht, wenn man etwas nicht zu Ende führt oder einfach das Thema wechselt, die Handlung, die Einstellung und Sichtweise. Denn ähnlich verhält es sich mit den eigenen Mustern, dem Festhalten an Situationen, die sich bereits geändert haben.

In der Lücke

Endlich mal nichts machen müssen, nichts von dem Üblichen. Das nenne ich eine Insel der Leichtigkeit. In diesem Zwischenraum zwischen allen Handlungen entsteht eine neue

Qualität des Seins. Genieße es, akzeptiere diese Minuten, auch wenn sie sich nicht so angenehm anfühlen. Mit der Zeit wird es sicher leichter.

Um den Zwischenraum besser erkunden zu können, stelle dir vor, dass du dich mit einer Kamera von außen selbst filmst. Du erzeugst eine künstliche Trennung von dir, um dich besser beobachten zu können. Mit einiger Übung kannst du öfter »aus dem Film aussteigen«, aus Gefühls-, Körper- oder Gedankenzuständen, die dir unangenehm sind (siehe auch Schritt 4, »Die Kameraperspektive«).

Geistesblitze und zündende Ideen

Genau darum geht es: öfter auszusteigen aus trübem Fahrwasser und einen neuen Raum zu betreten. Mit der Zeit werden diese kleinen Inseln der Zwischenräume immer größer und zusammenhängender, was dir eine komplett andere Daseinsqualität verleiht. Hab den Mut zur Abwechslung. Mache die folgende Übung. Notiere dir die Geistesblitze und Einfälle, die du dabei hast. Gute Ideen und Innovationen entstehen erst in solch einem entspannten Zustand im Zwischenraum …

ÜBUNG 10 – MIT ALLEN SINNEN IN DER LÜCKE FREIHEIT ERFAHREN

1. Stoppe. Tue gar nichts. Atme tief und ruhig. Gehe alle deine Sinne durch. Höre, schaue, rieche und schmecke, spüre und fühle deine Grundemotion und deinen Körper mit seinen Signalen.

2. Dann steige daraus aus. Tue gar nichts.

Du kannst bei dieser Übung auch die Augen schließen und sie mit den Händen abdecken und reiben. So wird ein überbeanspruchter Sinn, das Sehen, ausgeschaltet, andere Wahrnehmungen erhalten Platz.

3. Wenn das Denken wieder einsetzt, lasse die Gedanken einfach weiterziehen. Konzentriere dich auf deinen Körper, und dann lasse das Spüren wieder los. Oder fokussiere dich auf einen Punkt oberhalb der Nase in der Grube unter der Stirn. Spüre diesen Punkt, sehe ihn, und dann lasse auch davon wieder los.

Du kannst dies als eine Art Meditation praktizieren. Empfehlenswert sind ein- bis dreimal fünf Minuten pro Tag, ein bis zwei Stunden pro Woche Zeit für dich selbst und deinen Zwischenraum.

DIE UMSETZUNGSFORMEL

Die Minute, in der man das zu tun beginnt, was man wirklich tun will, ist der Anfang einer wirklich anderen Art des Lebens.

– RICHARD BUCKMINSTER FULLER, ERFINDER –

Der Quantensprung, um Ziele sicher und schneller zu erreichen

Wir kennen es alle: Wir wissen endlich, wie wir unser Ding machen könnten, haben gute Ideen, oft eine ganze Liste voll mit Vorsätzen. »Endlich schaffe ich es, diesmal halte ich durch, nun hör ich endlich damit auf ...« Doch die Realität ist anders, die meisten Vorsätze scheitern, wir halten keine zehn Tage durch.

Warum? Unser individuelles Muster, das unser Alltagsverhalten bestimmt, ist mehr oder weniger stark emotional, mental und körperlich bestimmt. Denke nur an die folgenden Beispiele wie »mit dem Rauchen aufhören«, »Essgewohnheiten ändern«, »anders handeln als gewohnt«, »Ängste abbauen«. Auch sehr wichtig ist es, die Richtung zu ändern. Wir malen uns im Kopf nicht nur eine Verhaltensänderung aus, die wir nicht einhalten. Vielmehr machen wir uns einen Erfolgsplan, stecken uns Ziele, planen eine ganze Serie an neuen Handlungen, die wir umsetzen wollen. Das bedingt und beinhaltet oft Verhaltensänderungen, die wir uns vorher so nicht bewusst gemacht haben. Wir kennen unsere Muster nicht, die an den alten Gewohnheiten festhalten. Insofern wird die Umsetzung der Ziele schwierig, und oft scheitert der Plan. Hinzu kommen noch unrealistische Vorstellungen und überzogene Ziele.

Wir haben außerdem nur einen bedingt freien Willen, weil unser Sein durch unsere Erfahrungen, das Lernen und die Konditionierungen ferngesteuert ist. Es sind also nicht nur automatisierte und eingefahrene Handlungsmuster und Gewohnheiten, sondern auch tief sitzende Gefühle, Glaubenssätze und emotionale Muster, die zu klaren Handlungen im Widerspruch stehen. Um unser Verhalten zu ändern, sind Umwege notwendig, auch kleinere Schritte, ganz kleine Ziele und dann das Bewusstmachen und Durchschauen der damit einhergehenden Körperreaktionen, Gefühle und Emotionen. In den vorigen Kapiteln zu den einzelnen Schritten und den zugehörigen Übungen werden einige Möglichkeiten beschrieben, sich solche zugrundeliegenden Gedanken, Emotionen und Gefühle bewusster zu machen und zu klären.

Zu den Gründen, warum bestimmte Verhaltensweisen so hartnäckig bleiben, gehören folgende: Die meisten Wünsche nach einer Änderung sind nur halbherzig gemeint, weder die Vor- noch die Nachteile wurden hinlänglich emotional integriert. Zudem gibt es tiefer sitzende Gründe, warum wir uns ein Leben lang bis jetzt so verhalten haben und nicht anders. Hier muss wirklich der eigene Verhaltenskodex geknackt werden. Harte Arbeit an der eigenen inneren Einstellung und Disziplin sind gefragt, eine Dauermotivation kann nur über den Nutzen und Gewinn durch das Neue erreicht werden. Du musst also deine innere Natur erkennen, dir eingestehen, wie du tickst, was dich antreibt. Es sind tief verankerte emotionale und mentale Beweggründe, die deine Haltung bestimmen.

100

Es ist notwendig, dass wir dieser inneren Haltung und Einstellung auf die Spur kommen und erleben, wie wir Verhaltensänderungen auch körperlich erfahrbar machen. Denn dein Verhalten zeigt sich als äußere Haltung, körperliches Auftreten, Symptom und Bewegungsmuster. Die Lösung liegt im Sichtbarmachen und Begreifen der inneren Motivation. Erst dann lässt sich Verhalten nachhaltig ändern, und dein Lebensziel rückt in greifbare Nähe. Die Freude am Erkennen der inneren Natur mit allen begleitenden Beweggründen garantiert die Umsetzung. In diesem Prozess der Selbsterkenntnis kommst du auch in Kontakt mit deinen Sabotagemustern und Blockaden. Jeder Mensch hat mindestens vier bis fünf große Hauptmuster, die das Wachstum und die Verhaltensänderung generell sabotieren. Doch jeder trägt das Potenzial für Klärung, Verhaltensänderung und Selbstverwirklichung in sich, indem er sein eigenes Umsetzungsmuster enthüllt. Dazu später mehr.

Jene Wege, die mehr Leichtigkeit schaffen, reichen als Hinweise nicht aus. Gerade Widerstände und Hürden am Weg können als Hilfsmittel erkannt werden, um zu wachsen und die Kraft zu erlangen, das eigene Ziel zu erreichen. Besonders die Begleitumstände des Scheiterns schaffen diese notwendige innere Klarheit. Nimm dir also wirklich Zeit, hinter die Kulissen zu blicken. Was hat dir dieses Verhalten bisher gebracht, und was solltest du bis jetzt aus deinen Erfahrungen, negativen wie positiven, lernen? Genauso bestimmen negative Glaubenssätze und unbewusste Gedanken unser Tun und erweisen sich als Hindernisse für unsere Weiterentwicklung. Sie zeigen sich zum Beispiel im Widerstand gegen sich selbst, in Trägheit (innerer Schweinehund). Hier müssen ebenfalls die unbewussten Gedanken an die Oberfläche gebracht werden, um die Mentalkraft zu stärken, die das Tun begleitet.

Wer also glaubt, mit einem schönen Vorsatz oder allein dem Gedanken daran sei es getan, irrt. Eine nachhaltige Zielverwirklichung erfordert ein richtig umfangreiches Umsetzungsprogramm auf mehreren Ebenen. All diese Ebenen werden im Leichtigkeitstraining gleichermaßen wichtig genommen, beleuchtet und mit allen Sinnen erfasst. Erst dann ergibt sich ein komplettes, starkes Umsetzungsbild, und gewohnte Muster können umprogrammiert werden.

Die Kurskorrektur

Du musst den Weg kennen, damit du weißt, wovon du abweichen willst!

Doch bevor wir loslegen: Überprüfe deine Ziele. Was willst du wirklich? Bei der Umsetzung ist der Aspekt der »unstimmigen Ziele« zu beachten. Das sind Ziele, die für dich nicht ganzheitlich stimmig sind. Wesentlich ist hierbei deine intuitive Wahrnehmung. Bist du dir hundertprozentig sicher, dass dein Ziel ganzheitlich in deinen Lebensplan passt? Hast du Vertrauen in deinen Lebensplan und glaubst, dass es eine gewisse Ordnung auf deinem Weg gibt, mit der gewisse Ziele für dich vorgesehen sind? Wenn du dir in dieser Hinsicht unsicher bist, visierst du dein Ziel möglicherweise rein mit dem Verstand und der Willenskraft an, das heißt aus dem Kopf und nicht als stimmige Ganzkörperentscheidung, die Bauch und Herz miteinbezieht. Solche Ziele sind viel schwerer und meist gar nicht zu erreichen.

Warum? Einfach, weil der Geist nur ein Teil von dir ist. Der Körper und die Emotionen als Mittler zwischen Verstand und Körper sind weitere Bestandteile von dir selbst. Denke an die Kommunikation nach außen. Du kannst mit Worten aus dem Verstand nur 7 Prozent der Information übertragen, mit der Körpersprache und dem Klang der Stimme (Emotion) die restlichen 93 Prozent. Genauso ist es mit dem kopfgesteuerten Ziel, mit der Kommunikation nach innen. Deine Emotionen sowie dein ganzer Körper mögen – und diese Bestandteile sind dir vielleicht in Hinblick auf die Zieldefinition oder das Erreichen deines Ziels unbewusst – dein Kopfziel sabotieren beziehungsweise gegensätzlich entscheiden. Und genau hieraus resultiert das allseits bekannte innere Stimmengewirr: »Warum sollte ich, hätte ich, ich weiß doch nicht ...« Weiters sind da all die unbekannten, im Unterbewusstsein störenden Nebengedanken, die negativen Glaubenssätze und Gedanken, die mit deinem aus Willenskraft formulierten Ziel NICHT übereinstimmen. Und schon hast du einen richtigen Boykottsalat im mentalen, emotionalen und ganzkörperlichen Umsetzungshaushalt.

Du kennst es bestimmt aus deiner eigenen Erfahrung, dass du mit dem Kopf auf Biegen und Brechen etwas durchsetzen oder erreichen möchtest.

Notwendig ist hier die Kurskorrektur, das Abstimmen und genaue Hinterfragen und Überprüfen, ob nicht doch eine kleine Änderung der Zieldefinition oder sogar ein komplett anderes Ziel für dich viel besser ist!

Du brauchst also als Voraussetzung ein absolutes JA. Und dazu totale Entschlossenheit, wenn du etwas wirklich erreichen willst! Wenn du ehrlich zu dir bist, weißt du das selbst. Dieses Ja ist mit hoher Motivation und gerade dadurch mit deiner emotionalen Umsetzungskraft verbunden. Bei manchen sehr feinfühligen, also körperorientierten Menschen ist ein sogenanntes falsches Ziel auch sofort durch einen körperlichen Schmerz erkennbar. Bei emotionalen Menschen zeigt es sich durch Unlust und wenig Energie, bei kopflastigen Menschen durch Hunderte Gegenstimmen und verunsichernde Gedanken. Solche

Signale bedeuten, dass du vermutlich mit deinem Ziel auf dem Holzweg bist. Das Ziel ist nicht ganzheitlich.

Genauso kann es vorkommen, dass du dein Ziel schon halb erreicht hast, die gewünschte Lernerfahrung und das erreichte Vorziel sind schon genug für deinen Weg des Im-Fluss-Seins. Es kann dir mittendrin die Luft ausgehen und eine Kurskorrektur unbedingt erforderlich sein.

Nun fragst du vielleicht: »Und wie soll ich dieses Innehalten, die notwendige Kurskorrektur statt des Fortsetzens des ursprünglich gesteckten Ziels vom inneren Schweinehund unterscheiden?« Es könnte ja sein, dass nur dein Sabotagemuster Widerstand leistet und du eigentlich auf dem richtigen Weg bist und weitergehen solltest! – Das wirst nur du selbst intuitiv beantworten können, und wenn du ehrlich zu dir bist und genau hinhörst, wirst du merken, was zutrifft. Wenn nicht, dann hilft eventuell ein Coaching oder »Update« mit jemandem, der sich sehr gut in dich einstimmen kann.

Viel besser ist es jedoch, selbst so weit zu sein und diese Sicherheit der Zuordnung in sich zu finden. Handelt es sich einfach um ein nicht ganz stimmiges Ziel, und fehlt es deshalb an Energie zur Umsetzung, oder geht es eben um die Demotivation durch den inneren Schweinehund? Im letzteren Fall suche und ergründe tief in dir das Muster deines Schweinehundes. Eine Möglichkeit ist auch, die Ausbildung im Leichtigkeitscoaching zu machen, da üben wir dies mindestens zwei Tage lang, bis du absolute Sicherheit in deiner Intuition gewinnst.

Weitere Hemmschuhe, die die ganze Zielverwirklichung boykottieren können, sind störende unstimmige Nebenziele. Diese müssen erst einmal als solche erkannt werden, da sie dein eigentliches Ziel stören können oder Unsicherheit erzeugen, ob nicht doch ein anderes Nebenziel das eigentliche Hauptziel sei. Somit wird dein ganzes »Kunstwerk« sehr komplex.

Schwierig wird es, wenn du im Verstand bleibst, die Gegenstimmen analysierst und Störeinflüsse erörterst. In diesem Fall pendelst du im Kopf hin und her zwischen all den Stimmen und Gedanken und Möglichkeiten, die nur verwirren. Besser ist es, wenn du Sicherheit in deiner Intuition hast, auf die klare innere Botschaft der Bauchstimme hörst und den Rest ausfilterst. Hier gibt es nämlich nur ein entschlossenes stimmiges, ganzheitliches JA, das der beste Wegweiser ist. Alle Gegenstimmen werden dann vernachlässigbar. Suche nach dem Ja ohne Wenn und Aber, so wie Kinder es oft äußern, das Ja von Herzen. Das Ja ohne Störgeräusche, ohne Unsicherheit und Zweifel. Das begleitet dein stimmiges Ziel.

Zu guter Letzt gilt es noch, sich eines Störfaktors bewusst zu werden: die Angst vor dem Neuen, vor dem Ungewissen. Was wäre, wenn du dein Ziel wirklich erreichst? Auch dies musst du erkennen. Doch das ist Thema eines anderen Buchs.

Im Wesentlichen lässt sich das Zielverwirklichungsprogramm in sieben Punkten zusammenfassen, von denen du die ersten fünf selbst durchführen kannst. Beim sechsten helfen dir gute Selbstreflexion und eventuell eine zweite Person, beim siebten Punkt empfehle ich einen Workshop (siehe www.leichtigkeit.com).

Sieben-Punkte-Zielverwirklichungsprogramm:

1. Erkennen eines stimmigen Ziels und Erstellen eines Umsetzungsplans.

2. Ausschalten aller bewussten und bekannten Störfaktoren.

3. Erkennen des Nutzens, wenn du das Ziel erreicht hast, und des Nutzens, wenn du es nicht erreichst.

4. Erfassen des Ziels mit allen Sinnen: Visualisieren und Aufzeichnen/Malen des Ziels, Affirmieren mit Worten und Aufschreiben des Ziels auf Papier sowie »Emotionalisierung«, indem du in das Gefühl des erreichten Ziels gehst.

5. Vom Denken ins Tun, beginne! Zerlege das Ziel in kleinere Einzelziele. Wenn du Klarheit über diese ersten fünf Schritte hast, dann »gehe« dein Ziel, beginne wahrhaftig mit den ersten Schritten und spüre, was es mit dir macht.

6. Erkennen und Transformieren der Selbstsabotagemuster. Hierbei ist eine zweite Person hilfreich, ein Coach oder ein Freund. Frage nach, was die anderen glauben, warum du gewisse Ziele bisher nicht erreicht hast, und was dich ihrer Meinung nach blockiert. Wenn du hierüber Klarheit hast, kannst du dem Sabotagemuster Handlungsalternativen anbieten. Beispielsweise kommst du darauf, dass dir als Sabotagemuster dein Perfektionismus bei der Zielverwirklichung im Weg steht. Dann tue ein paar Tage alles super perfekt und danach ein paar Tage extrem schlampig. Durch solche gegensätzliche Handlungsweisen kannst du dieses Muster brechen.

7. Erfahren des körperlichen, energetischen und emotionalen individuellen Musters zur Umsetzung. Dies beschleunigt und garantiert die Umsetzung: eine systemische Aufstellung (Etappenziele und Kräfte, die die Umsetzung stärken, werden sichtbar) oder die Bewusstsein-Theater-Technik im Leichtigkeitstraining in einer Gruppe. Dabei werden unbewusste unter Punkt 6 nicht erkannte Sabotagemuster sowie Fehlschläge, störende Nebenziele und Ablenkungsmanöver direkt in der Gruppe körperlich und emotional erfahrbar gemacht, Handlungsalternativen werden direkt erlebt, angeboten und integriert.

Einen Quantensprung machen heißt, du erkennst deine innere Natur, wie du im Detail emotional, körperlich und mental ein Ziel erreichst und dann dein Verhalten änderst. Das Muster wird in allen möglichen Situationen ähnlich sein, du musst nur einmal diesen Code knacken, um dauerhaft deine innere Triebkraft anzukurbeln.

Ich gebe ein Beispiel: Du erkennst, dass dein Umsetzungscode das Muster »ausreichend hohes Selbstbewusstsein« beinhaltet. Du fühlst dich aber oft unsicher und klein, bist nervös, wenn du in einer Gruppe vor mehreren Leuten sprechen sollst, du fühlst dich dadurch nicht immer ganz motiviert. Dann wird genau dieses Selbstbewusstsein im Workshop dargestellt, trainiert und in die Alltagsrealität integriert und angewandt. Das geschieht, indem du deine emotionalen Widerstände gegen hohes Selbstbewusstsein im Training ablegst. Die Zielverwirklichung wird somit erleichtert und vervollständigt.

In meinen Seminaren höre ich manchmal: »Ja, ich weiß und kenne das schon, was du sagst und empfiehlst, konnte es aber bisher nicht umsetzen.« Für deine sichere Zielverwirklichung ist es notwendig, dass du zusätzlich deinen Kurskorrekturpegel kennst, deinen inneren Wegweiser, deine emotionalen Tiefgründe der Angst und andere störende negative emotionale Geräusche sowie deine Hemmschwellen, Widerstände und dein Umsetzungsmuster. Im Leichtigkeitstraining werden auch diese Muster sichtbar gemacht und transformiert.

Aber du weißt ja, zwischen dem Denken und Tun liegt manchmal das große weite Meer. Dieses Kapitel soll dir einige Anregungen geben, deine Ziele leichter und schneller zu erreichen. Der Kopf ist ein gutes Hilfsmittel. Der Weg führt über den Körper.

Nicht den Berg bezwingen wir, sondern uns selbst.

– SIR EDMUND HILLARY, MOUNT-EVEREST-ERSTBESTEIGER –

ÜBUNG 11 – 5 PRAKTISCHE TIPPS, EIN ZIEL ZU ERREICHEN

1. Setze dir nur realistische Ziele und halte mit einer neuen Handlung/Verhaltensänderung mindestens drei Wochen durch! Das erhöht die Umsetzungswahrscheinlichkeit um das Zehnfache. Das Gehirn mag Gewohnheiten. Belohne dich danach mit etwas Außergewöhnlichem! Keine Süßigkeiten!

2. Gestalte ein Erfolgstagebuch: Schreibe dir täglich auf, was du geschafft hast. Das stärkt dein Vertrauen in nachhaltige Veränderungen!

3. Verwende alle deine Sinne, um einen Vorsatz in die Tat umzusetzen: Stelle dir den Erfolg bildlich vor. Versetze dich emotional in das Gefühl »Ich habe es geschafft!«. Versetze dich öfter in dieses Erfolgsgefühl, falls der »innere Schwei-

nehund« auftaucht. Gehe mit dem Bild, dem Gefühl und der Zielhaltung drauflos. Nimm komplett die Körperhaltung deines Ziels ein.

4. Egal wie fest der Schweinehund sitzt, er wird in jedem Fall hochkommen. Sei dir dessen bewusst und mache einen kleinen Anfangsschritt im Gefühl des inneren Widerstandes und seiner Unannehmlichkeiten. Übertreibe genau diesen Widerstand, übersetze ihn theatralisch in eine Bewegung oder pantomimische Haltung. Wie ein Clown. Möglicherweise musst du in diesem Übertreiben oder »Scheitern« selbst über dich lachen. Manchmal ist der Widerstand aber so hoch, dass du es absolut nicht emotional körperlich ausdrücken willst. Versuche mit allen Mitteln, über deinen Schatten zu springen. Sei erstaunt, wie schnell sich dieses Gefühl wandeln kann, wenn du wirklich dabeibleibst. Dadurch entsteht neue Lustmotivation statt Leidensdruck. Und du kannst das Muster brechen, den Schweinehund transformieren.

5. Nach dem Motto »Wie isst man einen Elefanten? – Bissen für Bissen«: Mache noch jetzt den ersten kleinen Schritt. Zerlege deine großen Lebensziele in viele kleine Etappen. Wie die Salamitaktik, indem du Scheiben abschneidest, gehe Schritt für Schritt vor: Dabei ist es ganz wichtig, mindestens sieben Etappen zu definieren, am besten auch aufzuschreiben und innerhalb von drei Wochen pro Tag mindestens einen Schritt auf das neue Ziel zuzugehen. Fühle bewusst alle Emotionen auf diesem Weg, besonders das Erfolgsgefühl, wenn du wieder einen Schritt weiter bist!

Beispiel für die 5 praktischen Tipps des Umsetzungsplanes

Ich möchte schon seit Jahren zum Ausgleich in der Freizeit regelmäßig joggen oder laufen. (Unter Sportlern gilt die Unterscheidung, laufen ist sportlich, joggen ist eher die Amateur- oder reduzierte Variante für Anfänger). Bisher hat es mit der Umsetzung nicht geklappt. Ich bin mir aber intuitiv sicher, dass meine Art der Bewegung und Entspannung das Joggen ist. Viele Coaches und Freunde haben mir auch dazu geraten, und es fühlt sich stimmig an.

1. Ich mache den Vorsatz aufs Neue. Gut wäre, dreimal die Woche fünfundvierzig Minuten zu joggen. Am besten MO, MI und SA. Dieses Ziel ist zu hochgesteckt, es ist unrealistisch. Also nehme ich mir ein- bis zweimal die Woche nur fünfzehn Minuten vor. Ich beginne klein. Und ich wähle den Tag frei. Ich trage ihn mir aber im Kalender ein. Wenn ich also MO und DO eingetragen habe und DO passt es nicht, dann trage ich FR ein. Nach dem Joggen spüre ich, wie gut ich mich fühle. Ich belohne mich mit etwas, das ich mag. Ich hänge ab und tue nichts, lege die Füße hoch und schaue in die Ferne.

2. Ich kaufe mir ein Heft oder lege eine Exceltabelle am Computer an. Dann trage ich jeden Tag des Jahres ein. Jedes Mal wenn ich joggen war, mache ich ein Kreuz. Nach ein paar Wochen sind viele Kreuze vorhanden. Ich schaue, wie oft ich das schon gemacht habe.

3. Ich gehe vor dem Joggen in das Gefühl, wie gut ich mich nachher fühle. Dann visualisiere ich vor dem Einschlafen regelmäßig, welche Strecken ich laufe. Ich stelle mir bildlich vor, wie fit ich bin und wie gesund ich aussehe und wie ich noch davon profitiere.

4. Natürlich kommt der Tag X, an dem es zu kalt ist, regnet, ich eigentlich keine Zeit, keine Lust oder Schmerzen habe, mich krank fühle, müde bin oder eine andere Ausrede habe. Jetzt mache ich die Körperwahrnehmungsübung, um meinen inneren Widerstand zu lokalisieren. Wo sitzt der und welches Gefühl ist das genau? Ich nehme mir die Zeit, mich zu spüren, denn ich würde mir ohnehin die Zeit für das Joggen nehmen. Dass ich jetzt keine Zeit habe, gilt als Ausrede nicht. Dann erlaube ich mir, heute NICHT laufen zu gehen. Ich ziehe aber die Joggingschuhe spaßeshalber an. Dann gehe ich in der Wohnung auf und ab und verrichte meine Alltagsbeschäftigungen. Vielleicht finde ich das alles dämlich, langweilig oder unnötig, auch das sind Widerstände des Verstandes, den ich hiermit austrickse. Immer wieder spüre ich zum Joggen hin und auch zu dem Erfolgsgefühl, das ich nach absolviertem Joggen habe. Dann probiere ich es aus: Ich erlaube mir, nur hundert Meter zu joggen, ohne zu schwitzen, ohne Joggingkleidung. In den meisten Fällen wird es klappen, und ich war mindestens zehn Minuten joggen. So habe ich meinen »Schweinehund« ausgetrickst.

5. Mein Ziel ist vielleicht ein Marathon. Nun habe ich dank der Tipps 1 bis 4 schon kleine Erfolge erreicht. Ich habe drei Wochen durchgehalten. Jeden Monat kann ich aus der Freiheit heraus die Joggingdauer und -frequenz erhöhen. Zum Beispiel auf drei- bis viermal die Woche eine Stunde. Das ist schon sehr viel. Aber ich will einen Marathon laufen. Also suche ich mir Freunde, die auch gerne laufen. Ich schaue auch, wie ich in der Familie und unter Freunden Bestätigung für meine Erfolge finde. Ich lasse mich unterstützen. Ich gehe öfter unter Gleichgesinnte und zu Veranstaltungen zum Thema Laufen ... Je komplexer mein Ziel ist, desto mehr einzelne Etappen werden notwendig sein. In jedem Fall mache ich mir immer mein Erfolgsgefühl und meinen Erfolg visuell bewusst und führe das Erfolgstagebuch.

DER LEITFADEN ZUR LEICHTIGKEIT

1. Hör auf, zu klagen und andere zu tadeln, übernimm für dich Verantwortung. Hör auf, dich zu sorgen, und lass die Vergangenheit los.

2. Hör auf, zu urteilen und andere zu verurteilen. Löse dich von Bewertungen und betrachte alles im SO-SEIN.

3. Akzeptiere den Moment, so wie er ist. Akzeptiere auch die Schwere. Lerne aus jeder Situation. Was ist das Gute daran!?

4. Baue negative Gedanken und Emotionen ab. Löse eine angespannte Körperhaltung und beseitige eine negative Körperreaktion. Finde so oft wie möglich deinen inneren Zustand von Leichtigkeit.

5. Richte die Aufmerksamkeit auf das, was funktioniert. Deine Sichtweise ist: Das Glas ist halb voll.

6. Achte auf deine Gefühle und deinen Körper. Lebe den Moment mit all deinen Sinnen.

7. Lebe deine Wahrheit. Achte genau darauf, ob dich diese Handlung deinem Lebensziel näherbringt. Lass alles Unnötige los und fokussiere dich auf das Wesentliche.

ZUSAMMENFASSUNG

Wenn du mich fragst, was mich in den letzten fünfzehn Jahren an Lernen, Weiterentwicklung und Selbstreflexionszeit wirklich vorangebracht hat, dann waren es die 11 Schritte in diesem Buch, denen ich mich intensiv gewidmet habe. Ich konnte sie beherzigen und üben, wann immer ich wollte. Es ist eine Trainingssache, und dieses Buch begleitet dich gut dabei, speziell auch der »Leitfaden zur Leichtigkeit« am Ende. Er dient dir als Kurzratgeber und Erinnerungsblatt für jeden Moment, um schnell und sofort an dein Leichtigkeitstraining zu denken.

Wenn du dennoch neugierig bist auf Vertiefung: In meinen Seminaren geht es um mehr als die hier beschriebenen 11 Schritte. Es geht um persönliche und individuelle Schwerpunkte und um das bessere Verstehen und Ändern der Beziehung von Körper, Geist und Emotion. Wichtig sind auch das Erkennen der persönlichen Widerstände und des individuellen Potenzials zur Entfaltung der Stärken und des eigenen Selbstbewusstseins sowie das Erkennen und Vertiefen der inneren Natur. Du lernst auch, Themen, negative Gedanken und Emotionen im Körper zu lokalisieren und dort zu lösen. Regisseur im eigenen Film sein.

Schlussappell

An erster Stelle änderst du deine innere Einstellung, JETZT ist eben alles gerade so, wie es ist. Es ist nicht besser und nicht schlechter. Akzeptiere deinen Momentanzustand mit all seinen Aspekten. Denke positiv, richte die Aufmerksamkeit auf das, was funktioniert, auf deine »Das-Glas-ist-halb-voll«-Sichtweise. Nimm den Augenblick mit seinen Schwierigkeiten nicht als Problem, sondern als Fakt wahr. Übernimm für dich selbst Verantwortung.

In Stress- und Extremsituationen, wenn nichts mehr funktioniert außer der Hektik oder eines Wutanfalls, verlasse den Ort, mache einen ausgedehnten Spaziergang.

Wann immer du Zeit hast, steige so weit wie möglich aus deinem Momentantheater aus. Hiermit meine ich den ganz normalen Wahnsinn des Alltagsfilms! Beobachte dich selbst sehr genau und gut, und zwar mit allen Sinnen möglichst gleichzeitig beziehungsweise sonst eben nacheinander. Spüre deinen Körper, höre auf alle Geräusche, schaue bewusst auf anderes oder schalte gerade mal den Sehsinn aus. Rieche bedächtig und esse/ schmecke intensiv. Gönne dir öfter eine Pause, Zeit für dich selbst, und habe Mut zur Lücke (siehe Schritt 10).

Nun der schwierigere Teil. Laotse sagte: »Wenn ich esse, dann esse ich, wenn ich sitze, dann sitze ich, und wenn ich gehen will, dann gehe ich.« Tu bewusst, was gerade stattfindet. Und zusätzlich nimm die Kameraperspektive ein (siehe Schritt 4). Übe das öfter zwischendurch mit allen Sinneskanälen.

Anfangs wusste ich selbst nicht, wie das gehen soll, da ich so im Kopf war und mir dauernd irgendetwas einfiel, was mich davon abhielt. Danach, als ich das geschafft hatte, kam die Angst oder eben nur ein unangenehmes Gefühl. Und schon wieder tat ich irgendetwas oder dachte nach und hing dem Denken nach zur Ablenkung. Aber mit der Zeit geht es, man lernt sich durch die Beobachtung so gut kennen, dass man von selbst aus jedem Film aussteigen kann. Zum Beispiel jetzt: Beobachte deine Atmung, und schon siehst du, wie sie sich verändert.

114

Experimentiere mit Tun und Nichtstun. Probleme sitze einfach aus, ohne einzugreifen, und dann wieder übe dich im Reparieren, also im Tun. Bei Schritt 8, »Aussitzen oder gehen?«, sowie Schritt 7, »Erfolg durch Nichtstun – im Nicht-Tun«, geht es darum, den Dingen ihren Lauf zu lassen oder einzugreifen.

Gehe am Wochenende an einen schönen Ort, allein, nimm dir frei von allem. Nimm nur einen Block und Schreibzeug mit. Mache dir in aller Ruhe Gedanken über dein Leben. Geh tief in dich! Was hat geklappt, was soll noch besser werden, und wie stellst du dir dein Leben vor? Empfehlenswert ist auch, ein Visionssuche-Seminar zu besuchen, oder bei mir im Workshop exakt deine Ziele zu definieren. In jedem Fall machst du dir über deine Stärken, dein Glück und deinen Erfolg Gedanken. Beschreibe möglichst punktgenau deine Individualität: Wieso bist du so speziell, fantastisch und genial? Was macht dich individuell? Dann »mach mehr und mehr dein Ding« (siehe Schritt 9).

Bedenke: Das Schwierigste ist das Umsetzen. Setze dir daher nur realistische Ziele und halte mit einer neuen Handlung/Verhaltensänderung mindestens drei Wochen durch! Das erhöht die Umsetzungswahrscheinlichkeit um das Zehnfache. Das Gehirn mag Gewohnheiten. Belohne dich danach mit etwas Außergewöhnlichem!

- Lege dir ein Erfolgstagebuch an: Schreibe dir täglich auf, was du geschafft hast.

- Stelle dir den Erfolg bildlich vor. Versetze dich emotional in das Gefühl: »Ich habe es geschafft!« Gehe öfter in dieses Erfolgsgefühl, besonders wenn der »innere Schweinehund« auftaucht.

- Nach dem Motto »Wie isst man einen Elefanten? – Bissen für Bissen« mache noch jetzt den ersten kleinen Schritt.

Ich bin felsenfest davon überzeugt, dass du deinen Quantensprung selbst machen wirst, wenn du nur einigermaßen diszipliniert an diese 11 Schritte denkst und dann locker mit einem Augenzwinkern und etwas Leichtigkeit *tust und handelst.* Du kannst mich auch jederzeit fragen, wenn du stecken bleibst, dich verlierst oder Detailfragen zu den Übungen hast. Schreibe mir gern auch eine E-Mail an office@leichtigkeit.com.

Die 11 Schritte zur Leichtigkeit üben und anwenden kannst du bei der Intensivwoche *Leichtigkeit mit allen Sinnen erfahren*

Inhalte: Gedanken entsorgen und negative Emotionen abbauen. Im Bewusstseinstheater Lebensfreude spielerisch neu entdecken. Intensität, Energie und Umsetzungskraft im Hier und Jetzt erhöhen: Aus Mustern aussteigen, Zufriedenheit, Erfüllung und Zeitlosigkeit erleben! Sicherheit auf dem eigenen Weg erlangen! (www.leichtigkeit.com) → Leichtigkeitswoche

Intensität und Vertiefung im Leichtigkeitstraining bietet die einjährige Ausbildung in *Leichtigkeitscoaching*

2011 bin ich dreißig Meter tief in eine Gletscherspalte abgestürzt und hatte das Glück zu überleben. Was ich bei diesem Erlebnis alles gelernt und erkannt habe, ist in allen möglichen Extremsituationen ähnlich – und von diesen gibt es viele im Alltag, denn wir behandeln manchmal Kleinigkeiten todernst wie die schlimmste Schwierigkeit. Ich sage dir gerne jetzt schon: Um das nötige Urvertrauen, die körperliche Haltung sowie innere Einstellung, emotionale Kompetenz und mentale Stärke wirst du nicht herumkommen. Außerdem sind eine gute Portion Humor und Disziplin das Salz in der Suppe, sie lassen dich fast jede Situation erfolgreich meistern. Scheue dich nicht davor, die unangenehmen

Kleinigkeiten im Alltag anzugehen, statt sie unter den Tisch zu kehren. Wende in diesen Situationen auch die 11 Schritte an! Hier kannst du genug üben, es ist das beste Feld. Also trau dich. (www.leichtigkeit.com) → Coachingausbildung

Los, viel Spaß und viel Leichtigkeit!

»Mach dich auf die magische Reise, deinen einzigartigen Weg zu gehen.«

ROBERT HOPPAUS • LeichtigkeitsCoach
Training | Coaching | Ausbildung

Kontakt und Termine
Dipl.-Ing. Robert Hoppaus – Leichtigkeitscoach und Mentaltrainer
Training l Coaching l Ausbildung
»Werde Regisseur **in deinem eigenen Film!**«
Grazerstraße 23 f/6
8045 Graz
E-Mail: office@leichtigkeit.com

Alle Termine zu Workshops und Veranstaltungen findest du auf der Website:
www.leichtigkeit.com

Literaturempfehlungen

Branson, Richard, Kulmbach, 2015, *Geht nicht gibt's nicht*

Byron, Katie, München, 2002, *Lieben was ist. Wie vier Fragen Ihr Leben verändern können*

Church, Dawson, Kirchzarten, 2008, *Die neue Medizin des Bewusstseins: Wie Sie mit Gedanken und Gefühlen Ihre Gene positiv beeinflussen können*

Deida, David, Bielefeld, 2006, *Der Weg des wahren Mannes*

Demartini, John F., München, 2009, *Wie Visionen wahr werden*

Feldenkrais, Moshe, Frankfurt, 1987, *Die Entdeckung des Selbstverständlichen*

Feldenkrais, Moshe, Frankfurt, 1996, *Bewusstheit durch Bewegung*

Ferriss, Timothy, Berlin, 2008, *Die 4-Stunden-Woche*

Hay, Louise, München, 1989, *Gesundheit für Körper und Seele*

Kingston, Karen, München, 2003, *Feng Shui gegen das Gerümpel des Alltags*

Lowe, Paul, Vancouver, 1998, *In each moment – A new way to live*

Tolle, Eckhart, München, 2014, *Leben im Jetzt*

Robert Hoppaus – Leichtigkeitscoach und Mentaltrainer

Der studierte Chemiker, Jahrgang 1969, engagiert sich seit Langem nicht nur für den Klimaschutz, was ihm zusammen mit der Umweltorganisation IPCC den Friedensnobelpreis einbringt. Er interessiert sich auch für die Chemie des Menschen. So lernt er Kommunikationstechniken, Bewegungstheater, Mentaltraining, Persönlichkeitstraining, wird Feldenkrais-Lehrer. 2011 stürzt er dreißig Meter tief in eine Gletscherspalte. Dieser Absturz lehrt ihn emotionale und mentale Stärke und wie man aus jedem Augenblick das Beste macht. Seit 2007 arbeitet er als Leichtigkeitscoach und Mentaltrainer in Graz, Wien und auf Seminarwochen im Ausland. Robert Hoppaus bildet Coaches und Trainer aus.

»Robert Hoppaus eröffnet einen völlig neuen Zugang unter all den vielen Ratgebern für Glück und Lebensfreude. Nicht die goldenen Regeln zur Leichtigkeit befolgen, im Außen Sachen versuchen umzusetzen, sondern das Gefühl, die Gedanken im Augenblick ändern können und so Leichtigkeit im Moment empfinden. Das beschert das große Glück auf Dauer.« – JASMIN SCHOBER, DIPL. LEBENS- UND SOZIALBERATERIN –

»Das Leben ist leicht und einfach, wenn ich es erlaube und das Bisherige akzeptiere und annehme. Mit wenigen einfachen Schritten kann ich schnell und leicht meinen Alltag komplett umstellen und begebe ich mich in den Fluss des Lebens. Die Anregungen kann ich überall und täglich anwenden, wann immer ich mag. Sie sind auch nicht wie eine herkömmliche Technik, die Disziplin oder Üben erfordert oder gar kompliziert ist, sondern es ist ganz einfach und leicht, sodass diese Anregungen jeder ausführen kann.« – DR. YVONNE RUTKA, COACH UND AUTORIN –

Werde Regisseur in deinem eigenen Film!